Exercícios de comunicação não violenta

CIP-BRASIL. CATALOGAÇÃO NA PUBLICAÇÃO
SINDICATO NACIONAL DOS EDITORES DE LIVROS, RJ

L638e

Leu, Lucy
  Exercícios de comunicação não violenta : um guia prático para estudo individual, em grupo ou em sala de aula / Lucy Leu ; [tradução Débora Isidoro]. - 1. ed. - São Paulo : Ágora, 2023.
  216 p. ; 21 cm.

  Tradução de: Nonviolent communication companion workbook
  Apêndice
  ISBN 978-85-7183-319-7

  1. Comunicação - Aspectos psicológicos. 2. Comunicação interpessoal. 3. Conflito interpessoal. 4. Administração de conflitos. I. Isidoro, Débora. II. Título.

23-85386
CDD: 153.6
CDU: 316.47:316.772.4

Meri Gleice Rodrigues de Souza - Bibliotecária - CRB-7/6439

www.editoraagora.com.br

Compre em lugar de fotocopiar.
Cada real que você dá por um livro recompensa seus autores
e os convida a produzir mais sobre o tema;
incentiva seus editores a encomendar, traduzir e publicar
outras obras sobre o assunto;
e paga aos livreiros por estocar e levar até você livros
para a sua informação e o seu entretenimento.
Cada real que você dá pela fotocópia não autorizada de um livro
financia o crime
e ajuda a matar a produção intelectual de seu país.

Exercícios de comunicação não violenta

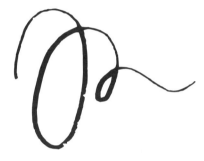

Um guia prático para estudo individual,
em grupo ou em sala de aula

LUCY LEU

Treinadora certificada
Center for Nonviolent Communication (CNVC)

Tradução do livro *Nonviolent Communication Companion Workbook*, 2ª edição, ISBN 9781892005298, de Lucy Leu. Copyright © Setembro de 2015 PuddleDancer Press, publicado por PuddleDancer Press. Todos os direitos reservados. Usado sob licença. Para mais informações sobre a comunicação não violenta, visite o Center for Nonviolent Communication na internet, em www.cnvc.org.

Translated from the book *Nonviolent Communication Companion Workbook*, 2nd Edition and ISBN 9781892005298 by Lucy Leu, Copyright © September 2015 PuddleDancer Press, published by PuddleDancer Press. All rights reserved. Used with permission. For further information about Nonviolent Communication™ please visit the Center for Nonviolent Communication on the Web at: www.cnvc.org.

Direitos desta tradução adquiridos por Summus Editorial

Editora executiva: **Soraia Bini Cury**
Coordenação editorial: **Janaína Marcoantonio**
Tradução: **Débora Isidoro**
Preparação: **Mariana Marcoantonio e Rodrigo Luiz P. Vianna**
Revisão técnica: **Nolah Lima (Instituto CNV Brasil)**
Revisão: **Daniela Crivellaro**
Capa: **Renata Buono**
Projeto gráfico e diagramação: **Crayon Editorial**

1ª reimpressão, 2024

Editora Ágora
Departamento editorial
Rua Itapicuru, 613 – 7º andar
05006-000 – São Paulo – SP
Fone: (11) 3872-3322
http://www.editoraagora.com.br
e-mail: agora@editoraagora.com.br

Atendimento ao consumidor
Summus Editorial
Fone: (11) 3865-9890

Vendas por atacado
Fone: (11) 3873-8638
e-mail: vendas@summus.com.br

Impresso no Brasil

Sumário

Prefácio 9

Parte I: Como usar este livro de exercícios 13
O propósito deste livro de exercícios 15
Sugestões para o uso deste livro de exercícios 16

Parte II: Praticar sozinho 19

Parte III: Praticar em grupo 25
A. Criar um grupo de prática 27
B. Lembrar nosso objetivo e não ter pressa 29
C. Liderar o círculo de prática 31
D. "O que valorizamos em um facilitador de grupo de prática" 37
E. Criar regras 39
F. Pedir *feedback* 41
G. Conflitos no grupo 42
H. Acolhendo o conflito: lembretes 60
I. Formas de interação de grupo 61
J. Sugestões para estruturar uma sessão de empatia 65
K. Sugestões para estruturar um *role-play* 70

Parte IV: Exercícios 73
Tarefas individuais, guia do facilitador e
exemplos de respostas 75

1. Exercícios para o capítulo:
Entregar-se de coração 77
Tarefas individuais 77
Guia do facilitador 81
Exemplos de respostas para o guia do facilitador 83

2. Exercícios para o capítulo:
A comunicação que bloqueia a compaixão 85
Tarefas individuais 85
Guia do facilitador 87
Exemplos de respostas para o guia do facilitador 89

3. Exercícios para o capítulo:
Observar sem avaliar 91
Tarefas individuais 91
Guia do facilitador 92
Exemplos de respostas para o guia do facilitador 94

4. Exercícios para o capítulo:
Identificação e expressão de sentimentos 97
Tarefas individuais 97
Guia do facilitador 99
Exemplos de respostas para o guia do facilitador 102

5. Exercícios para o capítulo:
Responsabilizar-se pelos sentimentos 103
Tarefas individuais 103
Guia do facilitador 105
Exemplos de respostas para o guia do facilitador 108

6. Exercícios para o capítulo:
Pedir o que enriquece a vida 113
Tarefas individuais 113
Guia do facilitador 114
Exemplos de respostas para o guia do facilitador 117

7. Exercícios para o capítulo:
Receber com empatia 119
Tarefas individuais 119

Guia do facilitador 122
Exemplos de respostas para o guia do facilitador 124

8. Exercícios para o capítulo:
O poder da empatia 127
Tarefas individuais 127
Guia do facilitador 132
Exemplos de respostas para o guia do facilitador 135

9. Exercícios para o capítulo:
A ligação compassiva com nós mesmos 137
Tarefas individuais 137
Guia do facilitador 142
Exemplos de respostas para o guia do facilitador 146

10. Exercícios para o capítulo:
Expressar a raiva plenamente 149
Tarefas individuais 149
Guia do facilitador 154
Exemplos de respostas para o guia do facilitador 155

11. Exercícios para o capítulo:
Mediação e solução de conflitos 157
Tarefas individuais 157
Guia do facilitador 164
Exemplos de respostas para o guia do facilitador 170

12. Exercícios para o capítulo:
O uso da força para proteger 171
Tarefas individuais 171
Guia do facilitador 174
Exemplos de respostas para o guia do facilitador 175

13. Exercícios para o capítulo:
Conquistar a liberdade e aconselhar os outros *177*
Tarefas individuais *177*
Guia do facilitador *179*
Exemplos de respostas para o guia do facilitador *182*

14. Exercícios para o capítulo:
Fazer elogios na comunicação não violenta *183*
Tarefas individuais *183*
Guia do facilitador *186*
Exemplos de respostas para o guia do facilitador *190*

Apêndices *193*
1. Sugestões para prática complementar de CNV *195*
2. Listas de sentimentos *198*
3. Lista de necessidades universais *201*
4. Pare de ser sabotado pela raiva! *203*
5. Formulário de *feedback* individual *204*
6. Formulário de *feedback* de grupo *205*
7. Tabela de acompanhamento do processo de CNV *206*

As quatro partes do processo de comunicação não violenta *208*

Alguns sentimentos básicos que todos temos *209*
Algumas necessidades básicas que todos temos *209*

Pesquisa em comunicação não violenta *210*
Sobre a comunicação não violenta *211*

Prefácio

Este livro de exercícios está projetado para ser usado em conjunto com *Comunicação não violenta — Técnicas para aprimorar relacionamentos pessoais e profissionais*, de Marshall B. Rosenberg. Ele oferece um currículo de 14 semanas para a prática de comunicação não violenta (CNV). A sugestão é que os leitores se familiarizem com o livro de Marshall antes de começar a praticar com este.

Uma nota sobre girafas e chacais

Em muitos países, a comunicação não violenta é conhecida popularmente como a "linguagem da girafa". Marshall escolheu a girafa, o animal terrestre que tem o maior coração, como um símbolo para a CNV, uma linguagem que inspira compaixão e relacionamentos alegres em todas as áreas da vida. Como a CNV, a altura da girafa permite uma visão ampla e proporciona uma consciência aumentada das possibilidades de futuro e das consequências de nossos pensamentos, palavras e atitudes. Sendo uma linguagem que enfatiza a expressão de sentimentos e necessidades, a CNV convida a vulnerabilidade e a transforma em força. O pescoço comprido da girafa nos lembra dessa importante qualidade de vulnerabilidade.

Em alguns países, Marshall usa um fantoche de chacal para representar aquela parte de nós que pensa, fala ou age de maneiras que nos desconectam da consciência de nossos próprios sentimentos e necessidades, bem como dos sentimentos e necessidades dos outros. A palavra "girafa" é usada, às vezes, no lugar de CNV, e também pode se referir ao seu praticante. Nesse contexto, um chacal é simplesmente uma girafa com um proble-

EXERCÍCIOS DE COMUNICAÇÃO NÃO VIOLENTA

ma de linguagem. Como um amigo, o chacal nos dá o recado de que é improvável que tenhamos nossas necessidades atendidas se continuarmos como estamos. Da mesma forma que a dor de uma queimadura é amiga por nos lembrar de tirar a mão do fogão quente, o chacal nos lembra de não ter pressa e de encontrar o jeito da girafa de ouvir e pensar antes de falar. Praticar CNV é reconhecer e travar amizade com nossos chacais, acolhendo-os na consciência e permitindo que nos guiem até nossos sentimentos e necessidades. Quando fazemos isso com a maior isenção possível de juízo moral, experimentamos a vida de maneiras mais satisfatórias.

Para muitos, o uso de fantoches ajuda a distinguir essas duas partes de nós (ou essas duas maneiras de pensar e falar) e é um auxílio eficiente para o aprendizado, trazendo clareza e leveza à prática de CNV.

Atenção: O uso que o Center for Nonviolent Communication faz da imagem e do termo "girafa" não tem nenhuma conexão com o Giraffe Project, uma organização completamente distinta, que produz seus próprios treinamentos e materiais educativos. Além disso, em alguns países, os treinadores de CNV usam outros animais em vez de girafa e chacal. Em inglês, "linguagem da girafa", "comunicação compassiva" e "CNV" são sinônimos de "comunicação não violenta".

Em impressões anteriores deste manual (em sua versão original em inglês), as palavras "girafa" e "chacal" foram usadas por todo o texto. Considerando o uso cada vez mais disseminado deste livro de exercícios no mundo e o fato de que essas duas palavras não são fáceis de traduzir — ou, em alguns casos, nem são traduzíveis —, no restante do livro, elas foram substituídas por descrições literais.

Agradecimentos

As tarefas neste livro de exercícios foram originalmente inspiradas por e criadas para pessoas que estavam encarceradas, isoladas das fontes de treinamento, e que tinham a intenção de praticar CNV atrás das grades. Posteriormente, as tarefas foram incorporadas ao manual para apoiar grupos de prática "autoliderados" na comunidade em geral — grupos dedicados a praticar CNV por conta própria, sem um treinador ou facilitador único.

Gostaria de expressar minha gratidão a Marshall B. Rosenberg por ter sintetizado a CNV e por ter me oferecido incentivo e confiança ao longo de muitos anos. Em meu desenvolvimento como praticante de CNV, devo e manifesto gratidão especial ao meu filho Felix, ao meu marido Peter e aos colegas girafas do Puget Sound [Seattle e região, EUA], que oferecem o tesouro de viver e trabalhar em uma comunidade girafa.

PARTE I

Como usar este livro de exercícios

Como usar este livro de exercícios

O propósito deste livro de exercícios

Este livro de exercícios está projetado para ser usado em conjunto com *Comunicação não violenta — Técnicas para aprimorar relacionamentos pessoais e profissionais*, de Marshall B. Rosenberg. Ele se destina a:

1 Pessoas que começaram a conhecer a comunicação não violenta e buscam um currículo abrangente a fim de aprender e aplicar os princípios básicos de CNV, sozinhas ou em grupo. A CNV requer o desenvolvimento de novos hábitos de pensamento e fala. Por mais impressionados que fiquemos com os conceitos da CNV, é somente por meio de sua prática e aplicação que nossa vida será transformada. Este currículo apoia o leitor ao longo de 14 semanas de aprendizado e prática contínua, seja em uma experiência individual ou grupal. Ele também oferece a possibilidade de 14 meses de prática dedicada. Nesse caso, a prática sugerida para uma semana é mantida durante um mês. Quem usar o livro de exercícios nesse outro nível de comprometimento vai desfrutar de fluência e capacidade de conexão em constante aprofundamento.

2 Pessoas que desejam participar de um grupo de prática regular. Este manual oferece:
   - orientação para começar um grupo de prática;
   - conteúdo e estrutura para 14 sessões;
   - sugestões para formar um "círculo de prática com liderança compartilhada" e atividades para grupos contínuos;

EXERCÍCIOS DE COMUNICAÇÃO NÃO VIOLENTA

‣ apoio para identificar e abordar desafios que costumam ser encontrados em grupos de prática de CNV.

3 Pessoas cuja vida tenha sido tocada pela CNV e que se sintam propensas a transmitir esse presente. Professores e facilitadores de grupos podem usar este currículo como um trampolim para o desenvolvimento de seus próprios cursos.

Note que as seções de prática e atividades em grupo deste livro de exercícios foram pensadas para auxiliar também a prática individual. Esses lugares são indicados pelo uso do símbolo ◎.

Sugestões para o uso deste livro de exercícios

Neste currículo, há 14 tarefas que se correlacionam com os 14 capítulos do livro *Comunicação não violenta — Técnicas para aprimorar relacionamentos pessoais e profissionais*, de Marshall B. Rosenberg, oferecendo um aprendizado abrangente do básico da comunicação não violenta. Sugiro completar um capítulo por semana: isso confere regularidade, além de tempo suficiente para absorver o novo material, embora não tanto quanto para esquecer o que foi aprendido antes.

Note que, neste livro de exercícios, as palavras "Marshall" e "o livro" se referem a Marshall B. Rosenberg e seu livro *Comunicação não violenta*. Como suas várias edições não têm o mesmo número de capítulos ou a mesma paginação, a referência a uma parte específica é feita identificando o capítulo e o subtítulo, não o número de página.

1 Primeiro, leia um capítulo do livro.

2 Vá para a tarefa individual correspondente na parte IV deste livro de exercícios. Cada tarefa consiste em duas partes:

COMO USAR ESTE LIVRO DE EXERCÍCIOS

‣ "Revisão de leitura" é um conjunto de perguntas diretas sobre o conteúdo do capítulo, que você pode usar para revisar ou relembrar o que leu. Muitos leitores esperam terminar a leitura do capítulo e usam as perguntas como uma forma de se testar e despertar a memória do que aprenderam. Outros respondem às perguntas enquanto estão lendo, para manter o foco e se lembrar melhor do conteúdo. Você pode experimentar usá-las (ou não) da maneira que melhor apoiar seu aprendizado.

‣ "Prática individual" consiste em exercícios e atividades para aplicar o que você leu. Pode incluir auto-observação, reflexão, prática e *role-play* (encenação). Muitas devem ser concluídas de imediato, mas algumas exigem tempo durante o transcorrer da semana. Quando terminar uma tarefa, é sempre bom verificar a tarefa da semana seguinte para o caso de haver alguma atividade que exija vários dias para ser concluída.

> ◎ É útil manter um caderno ou computador à mão para registrar suas respostas aos exercícios, bem como ideias, sentimentos e necessidades que possam surgir enquanto você estuda.

3 Se você está praticando em grupo, faça os exercícios fornecidos no guia do facilitador quando se reunirem. Antes de começar, leia as seções A-F na parte III, "Praticar em grupo", sobre formar um grupo, desenvolver uma estrutura, lembrar nosso propósito, liderar o círculo, regras e *feedback*. Leia as outras seções (G-K) quando os respectivos assuntos surgirem ao longo da prática de 14 semanas. Essas seções abordam assuntos que podem surgir e oferecem algumas ideias sobre como permanecer conectado com o espírito do processo de CNV enquanto resolve o que poderiam parecer necessidades conflitantes dentro do grupo.

EXERCÍCIOS DE COMUNICAÇÃO NÃO VIOLENTA

 4 Se estiver praticando sozinho, examine o guia do facilitador e os exemplos de respostas correspondentes ao capítulo e à tarefa que acabou de concluir. Esses exercícios e atividades são facilmente adaptados para uso individual e contêm exemplos do que você pode fazer. Depois de concluir o exercício, talvez queira examinar os exemplos que acompanham o guia do facilitador em cada capítulo.

PARTE II

Praticar sozinho

Praticar sozinho

Ao aprender CNV, como quando se estuda outro idioma, é necessário primeiro apreender os conceitos — ou aprender a gramática, por assim dizer — e depois praticar com regularidade. Felizmente, à diferença de idiomas estrangeiros, a CNV pode ser praticada em qualquer lugar e com qualquer pessoa. Não precisamos de um parceiro de CNV para praticar: podemos praticar quando temos que ir ao banco, quando temos o jantar interrompido por mais um operador de *telemarketing*, quando ouvimos um discurso de campanha política na TV, quando somos parados por um policial... Podemos praticar com pais e filhos, colegas de trabalho e chefes, amigos, companheiros, desconhecidos, inimigos e — mais importante — nós mesmos.

O desafio para a maioria de nós, que levamos uma vida atribulada, é comprometer tempo e energia, e então seguir aplicando. Este livro de exercícios fornece conteúdos que ajudam você a estruturar um curso de 14 semanas para iniciar sua prática de CNV. Depois de concluir as leituras e tarefas, o que se espera é que você se sinta confiante em sua compreensão dos conceitos de CNV e suficientemente familiarizado com as atividades para conseguir desenvolver e manter um programa ou uma prática individual.

Quando você se compromete a manter um programa de estudos ou prática por conta própria, é útil ser específico sobre como espera se beneficiar, quais compromissos está disposto a assumir, quanto tempo vai investir e com que regularidade vai praticar. Como alguém que está começando um período de 14 semanas de estudos, dedicar um tempo para esclarecer seus objetivos e comprometer-se com horários específicos pode ajudar a garantir o sucesso. Escrever seus objetivos e compromissos de prática e analisar seu progresso regularmente pode substituir,

EXERCÍCIOS DE COMUNICAÇÃO NÃO VIOLENTA

em alguma medida, o incentivo que você receberia na prática em grupo, na qual há outras pessoas presentes para encorajá-lo a manter seus compromissos. Muitas pessoas usaram este livro de exercícios em suas práticas individuais e conseguiram desenvolver uma compreensão mais profunda dos conceitos da CNV, além de maior fluência em sua aplicação, resultando em capacidade mais elevada de se relacionar com si mesmos e com os outros com empatia e honestidade.

A parte IV deste livro tem três componentes: tarefas individuais, guia do facilitador e exemplos de respostas.

Tarefas individuais — consistem em um exercício de "revisão de leitura" e outro de "prática individual". Cada um deles pode ser usado tanto para o aprendizado individual quanto para o aprendizado em grupo.

Guia do facilitador — contém sugestões de como estruturar um grupo e planejar as sessões de estudo ou prática.

Exemplos de respostas para o guia do facilitador — embora tenham sido criadas para a experiência em grupo, essas seções são fáceis de adaptar para uso individual. Nelas, foram incluídas notas acompanhadas do símbolo ◎ para ajudar você em um trabalho individual autodidata. Além disso, depois de ler as instruções para cada atividade, pare e ouça o "diálogo interno" que ocorrer.

A fim de tirar máximo proveito dos exercícios deste livro, estabeleça um cronograma e comprometa-se com ele. Às vezes, as melhores intenções são sabotadas por um cronograma que é tão flexível que nem parece um cronograma. Você pode considerar:

- Criar um espaço físico dedicado à sua prática de CNV. Escolha uma área que permita o nível de sossego e ordem de que você precisa para manter o foco nos exercícios que se comprometeu a fazer em sua prática diária ou semanal. Você pode procurar um lugar ao ar livre onde se sinta particularmente tranquilo e consciente. Ou, então, criar um lugar especial em uma parte da sua casa, onde mantenha itens como poemas, fotos ou velas — qualquer coisa que ajude você a permanecer em contato com essa sua parte criativa e apaixonada que está motivada para fazer este trabalho.

- Ter à mão um caderno ou computador sempre que interagir com seu próprio mundo. De vez em quando, dedique um tempo para registrar algumas palavras que funcionem como notas mentais e ajudem você a se lembrar de qualquer pensamento ou interação que quiser considerar mais tarde.

PARTE III

Praticar em grupo

Praticar em grupo

A. Criar um grupo de prática

Ao se juntar a um grupo de prática ou criar um, é útil ser específico sobre o que você espera ganhar e o que está disposto a dar. Muitos grupos de prática de CNV servem a vários propósitos, mas um grupo pode concordar com focar em desenvolver fluência no uso dos processos, enquanto outro pode enfatizar o sentimento de comunidade inspirado pelo espírito da CNV. De maneira semelhante, uma pessoa pode querer investir tempo e energia emocional limitados, enquanto outra valoriza o grupo como um compromisso importante em sua vida. Essas diferenças podem ser conciliadas e têm menos probabilidade de levar a confusão e conflito se, nos níveis individual e coletivo, os membros expuserem suas necessidades em relação às expectativas de modo claro e honesto.

Estas são motivações comuns para participar de um grupo de prática:

- aprender ou revisar conceitos da CNV;
- desenvolver fluência no uso do processo;
- obter apoio para a prática e o compromisso participando de uma comunidade de pensamento semelhante;
- atender às necessidades de empatia e conexão;
- desenvolver amizades que têm por base a CNV;
- ser inspirado e lembrado sobre o propósito e a consciência da CNV;
- servir à vida e contribuir com a comunidade, compartilhando a CNV por meio do ensino ou de habilidades de liderança.

EXERCÍCIOS DE COMUNICAÇÃO NÃO VIOLENTA

Uma maneira de criar um grupo de prática é reunir algumas pessoas para assistir a um vídeo de CNV, como *Making life wonderful* [Tornando a vida maravilhosa], de Marshall B. Rosenberg. Conte a elas o que está por trás do seu interesse em CNV e em iniciar um grupo. Apresente o livro e o livro de exercícios como recursos para que o grupo aprenda as habilidades demonstradas no vídeo.

As formas de estruturar um grupo de prática são tantas quanto as pessoas que querem cultivar e praticar a consciência da CNV. Aqui e no guia do facilitador são fornecidas sugestões para ajudar você a fazer experiências com a estrutura. Uma disponibilidade para desviar do "jeito como sempre fizemos no passado" pode aumentar a probabilidade de atender mais plenamente às necessidades individuais e coletivas do seu grupo. Lembre-se de que, acolhendo discussões e discordâncias sobre a estrutura, cada um de vocês afirma sua própria escolha de praticar o processo. Alguns grupos usaram esse processo como uma fonte importante de aprendizado, enquanto também reconheciam que, quanto mais tempo permanecem conectados com os princípios da CNV e dominando habilidades de CNV, maior é sua capacidade para cocriar um desfecho mutuamente agradável.

Para cumprir o currículo deste livro de exercícios, considere formar um grupo de cinco a oito membros, que se reúnam semanalmente por duas horas e meia ao longo de ao menos 14 semanas. Você pode organizar uma reunião preliminar para que as pessoas se conheçam e entrem em acordo sobre a estrutura básica, os procedimentos e os materiais (livro e livro de exercícios) a serem utilizados. Nessa primeira reunião, talvez seja útil que analisem juntos a parte I, "Como usar este livro de exercícios", e as seções A-F da parte III, "Praticar em grupo".

NOTA: Vinte e duas semanas são um período preferível, pois permite que o grupo pratique por mais oito semanas depois de ter completado o currículo básico. Note que houve grupos bem-sucedidos

PRATICAR EM GRUPO

com até 12 participantes, ou com apenas quatro, reunindo-se a cada duas semanas, ou durante apenas duas horas por sessão.

Uma estrutura recomendada para acompanhar o uso deste livro de exercícios é o "círculo de prática com liderança compartilhada". O círculo evoca inclusão, participação equilibrada e comunidade. A liderança pode ser revezada, de forma que cada membro tenha uma oportunidade de contribuir, além de praticar facilitar, ensinar e orientar o círculo. Todos os membros são facilitadores na medida em que assumem toda a responsabilidade pelo bem-estar do círculo. As tarefas de definir e realizar o propósito, a natureza e a direção do círculo cabem a todos.

Em comunidades onde há treinadores de CNV disponíveis, círculos de liderança compartilhada podem se beneficiar convidando treinadores para liderar partes específicas das reuniões. Dessa forma, os membros continuam "donos" do círculo e revezando-se na liderança, enquanto são chamados para praticar a arte de fazer pedidos específicos aos mentores convidados.

B. Lembrar nosso objetivo e não ter pressa

Escolhendo a comunidade como meio de aprendizado, nos abrimos não só para a beleza e o poder das conexões humanas, mas também para a dor de necessidades não atendidas desencadeadas por nossas interações uns com os outros. Para apreciar de forma plena tanto as alegrias quanto as dores e crescer a partir delas durante seu tempo com o outro:

1 **Encontre maneiras de lembrar o propósito de estarem juntos.** Por exemplo, você pode marcar de forma clara o tempo e o espaço que compartilham por meio de ações como:

a) abrir e fechar cada reunião conscientemente com uma leitura, vela, música, história, com um silêncio, um sino etc.;

EXERCÍCIOS DE COMUNICAÇÃO NÃO VIOLENTA

b) criar uma "peça central" (com uma foto, flor, poema etc.) como um lembrete daquele lugar de infinita compaixão em cada um de nós, um lugar onde não há separação entre "eu" e "eles".

Você também pode criar oportunidades frequentes para expressar apreciação (por si mesmo, pela vida, pelos outros, um pelo outro, pelo grupo etc.) e para celebrações (de milagres e conquistas, grandes e pequenos).

LEMBRE-SE DE NÃO TER PRESSA.

2 **Não tenha pressa.**
Estamos mudando os hábitos de uma vida inteira quando aprendemos a falar com o coração. Somos capazes de acolher gagueira, tropeços e silêncios, próprios e alheios, como sinais de que estamos trocando o piloto automático pelo discurso consciente? Quando fazemos a nós mesmos perguntas como as seguintes, nossas palavras podem, de fato, demorar um pouco mais para se formar:

- "A que estou reagindo realmente aqui?"
- "Qual é a intenção por trás de abrir a boca agora?"
- "Que sentimentos estão vivos em mim neste momento?"
- "Qual é a necessidade por trás do meu desejo imediato aqui?"
- "Estou fazendo um pedido específico a alguém?"

Para incentivar um ritmo mais lento em nossas reuniões, podemos:

- Incluir momentos de silêncio como um tempo para que as pessoas se conectem com si mesmas.
- Passar um bastão de fala (ou outro objeto) em algumas partes da reunião. A pessoa com o bastão recebe do círculo o presente do silêncio atento sem pressão para se apres-

sar. Geralmente, o bastão é passado em uma mesma direção sem interrupção ou comentário dos outros. Cada um pode escolher entre falar ou segurar o bastão em silêncio e passá-lo sem dizer nada.

‣ Repetir, parafrasear ou traduzir em CNV o que uma pessoa disse, antes de a pessoa seguinte falar. Isso pode ser especialmente útil quando mais de uma pessoa no grupo está experimentando intensidade emocional. Para praticar, o grupo pode dedicar determinado tempo de uma reunião a interagir dessa maneira. Isso também pode servir como uma forma eficaz para treinar nossa capacidade de ouvir.

‣ Respirar fundo duas vezes antes de falar, depois que a pessoa anterior terminou.

> **◎ 3. Como praticar isso individualmente?**
> Como parte de sua prática intencional, lembrar seu objetivo e não ter pressa é tão importante para você quanto para o grupo. Pratique não ter pressa quando estiver respondendo a familiares, amigos e colaboradores.

C. Liderar o círculo de prática

Cada membro tem uma oportunidade de contribuição e autoexpressão quando está oferecendo ao círculo seu jeito único de liderar a sessão. Como a liderança é alternada, cada um se sente mais livre para assumir riscos e explorar seus variados estilos de liderança. A tendência de um facilitador para a rigidez e a de outro para a leveza podem se combinar para, com o tempo, oferecer equilíbrio e diversidade ao grupo.

EXERCÍCIOS DE COMUNICAÇÃO NÃO VIOLENTA

Facilitadores servem ao círculo de quatro maneiras:

1 apoiam o propósito do círculo criando um espaço, lembrando de ir devagar, incorporando oportunidades para expressar apreciação etc.;
2 supervisionam as necessidades práticas e logísticas do grupo;
3 planejam a estrutura (cronograma de atividades etc.) e orientam o grupo ao longo do processo;
4 fazem um esforço extra para se familiarizar com o currículo da semana (ou o conteúdo de qualquer material a ser abordado), de forma que possam ser uma fonte para aqueles que não estão tão familiarizados com isso.

As maneiras pelas quais os facilitadores podem trabalhar ou jogar com essas quatro ideias são infinitas. Espera-se que facilitadores vividos recorram plenamente a suas experiências, de modo que o círculo possa se beneficiar de suas habilidades, conhecimentos e erros do passado. Para quem é novo na tarefa de liderança e facilitação, a seção a seguir, "Sugestões e exemplo de formato para liderar um círculo", serve como diretriz a partir da qual explorar e experimentar. Ancorados em uma consciência de necessidades, precisamos nos lembrar de que não tem "jeito certo" de liderar um círculo, nem jeito errado. Há apenas: o meu jeito (hoje, no mês passado), o seu jeito (na semana passada, no ano passado), necessidades atendidas, necessidades não atendidas...

Sugestões e exemplo de formato para liderar um círculo

Esta seção contém sugestões e um exemplo de formato para liderar um círculo que se reúne por duas horas e meia.

Na primeira reunião que liderar, considere as seguintes sugestões, e em uma folha de papel à parte:

- anote as tarefas sugeridas à medida que as completa;
- escreva ideias alternativas de como proceder, abordando os mesmos objetivos;
- registre o que planeja dizer no círculo em uma etapa em particular; ou
- organize seu próprio plano.

Antes da reunião

1 Leia o capítulo e complete a tarefa escrita ou qualquer material que o grupo tiver decidido abordar.
2 Crie um plano para a reunião — o que vai acontecer, quando e como — ou use o exemplo de formato conforme descrito a seguir.

No dia da reunião

1 Prepare o espaço
Chegue com 15 minutos de antecedência para arrumar as cadeiras em círculo, de forma que todos possam se ver. Se houver bebidas disponíveis, providencie xícaras, chá etc. com antecedência. Arranje a peça central, quadros etc., se decidir usá-los. Um relógio visível a todos pode ser útil.

2 Cumprimente
Receba cada pessoa que chegar.

3 Conecte-se consigo
Quando estiver pronto para começar, dedique 30 segundos a conectar-se internamente com "O que sinto e do que preciso agora?". Conecte-se com o propósito por trás do que vai oferecer ao grupo. Esteja inteiramente presente no momento.

EXERCÍCIOS DE COMUNICAÇÃO NÃO VIOLENTA

4 Rememore
Reúna o grupo. Dedique um momento a nos ajudar a relembrar quem somos e por que estamos aqui. Seja a mudança das estações ou os bombardeios de vizinhos estrangeiros, focalize naquilo que inspira você a se sentir em conexão com a teia da vida.

5 Abra o círculo
Convide as pessoas a fazerem o "check-in"* compartilhando o que está vivo para elas no exato momento. Ou então peça uma rodada de respostas para uma pergunta, como "Que tipos de *insights* e experiências relacionados a CNV você teve esta semana?" ou "Poderia compartilhar alguma coisa que gostaria de comemorar esta semana?" Indique quanto tempo você planejou para essa rodada; depois mencione uma expectativa geral de quanto tempo gostaria que cada pessoa usasse. Siga em uma direção (sentido horário ou anti-horário). Permita que o grupo preste atenção em uma pessoa por vez. Passe um bastão de fala, ou sugira uma palavra, som ou gesto com o que a pessoa possa indicar que concluiu sua fala antes que a próxima pessoa comece. Lembre os participantes de se conectarem com seus sentimentos e necessidades enquanto falam.
Exemplo: "Eu gostaria de abrir o círculo com uma rodada de *check-ins*. Vamos usar 20 minutos para isso — cerca de três minutos para cada um de nós. Eu começo e depois passo este 'bastão de fala' no sentido horário. Vamos praticar manter a conexão com nossos sentimentos e necessidades enquanto falamos. E lembrem-se: vocês têm a opção de falar ou só

---

* "Check-in" é o termo em inglês para a "chegada", momento em que cada participante do grupo, antes de ir para exercícios, pauta, conteúdo ou decisões, compartilha como se sente. Isso pode ser feito por meio de um relato ou respondendo a perguntas norteadoras definidas pelo grupo. [N. R. T.]

apreciar o silêncio de segurar o bastão de fala até se sentirem prontos para passá-lo adiante".

NOTA: Depois de concluída a rodada, se você sentir que alguém que compartilhou de maneira vulnerável ainda tem sentimentos intensos, talvez seja conveniente dirigir-se a essa pessoa, reconhecer suas palavras, empatizar com seus sentimentos e necessidades ou expressar sua reação sincera.

Antes de seguir em frente, divulgue brevemente o cronograma para o restante da reunião.

6 Dedique cerca de 45 minutos para a primeira sessão de estudo ou prática. (Ela vai começar mais ou menos meia hora depois do início da reunião.)

7 No meio da reunião, se desejarem, faça um intervalo breve.

8 Continue com uma segunda sessão de estudo ou prática por outros 45 minutos. (Utilize o guia do facilitador para cada tarefa para planejar as sessões de estudo ou prática da reunião.)

9 *Feedback*, apreciações e encerramento (reserve de 20 a 30 minutos). Termine a reunião com outra rodada. Talvez você queira um momento de silêncio para permitir que as pessoas façam a transição para a saída da sessão de estudo ou prática. Convide-as a se conectarem com quaisquer sentimentos de gratidão que possam ter dentro de si. Entre em contato com quaisquer sentimentos de gratidão que você possa ter pela oportunidade de ter servido ao círculo dessa maneira nesse dia.

Quando falar novamente, peça *feedback* sobre a reunião. Se ficar aflito quando fizer essa solicitação, tente expressar seus

EXERCÍCIOS DE COMUNICAÇÃO NÃO VIOLENTA

sentimentos e necessidades e qualquer pedido que possa atender a essas necessidades.

Encerre o círculo formalmente (com palavras, música, silêncio, poesia, mãos dadas ou outros meios que escolher).

10 Detalhes pós-reunião

a) Confirme quem será o facilitador na próxima reunião e finalize outros detalhes práticos.

b) Peça a todos que dediquem cinco minutos ao preenchimento de um "Formulário de *feedback* individual" (ver apêndice 5) enquanto a experiência da reunião ainda está fresca na cabeça das pessoas.

c) Limpe, organize, despeça-se e vá embora.

Depois da reunião

Tome um tempo para se perguntar do que gostou e do que não gostou ao liderar o círculo, o que funcionou e não funcionou, e o que faria diferente da próxima vez. Leia os formulários de *feedback* individual que os membros do grupo preencheram para você. Use o verso do seu próprio formulário de *feedback* individual para refletir sobre sua experiência.

Se sentir que precisa de empatia ou compreensão, procure um amigo que tenha uma boa escuta. Se sua dor estiver associada às palavras ou ao comportamento de alguém no círculo, pense em como pode proteger a confiança no círculo, enquanto atende às suas necessidades de empatia e apoio.

Se sentir alegria, euforia ou orgulho por como liderou o círculo, encontre meios de reconhecer seu crescimento e sua realização. Você talvez queira comemorar na abertura do círculo na semana seguinte.

D. "O que valorizamos em um facilitador de grupo de prática"

Trinta praticantes de CNV em Seattle refletiram juntos sobre o tema: "O que eu quero em um facilitador de grupo de prática?" A seguir há um resumo dessa discussão. Se você vai liderar um grupo, use esta lista para se lembrar das qualidades que os participantes valorizam. Você também pode usar a lista como uma maneira de solicitar *feedback* dos participantes sobre vários aspectos da sua liderança depois de uma sessão específica. Não se compare com os facilitadores que estão sendo descritos nestas citações. Eles não existem.

☐ Valorizamos facilitadores que mantêm nosso grupo na tarefa.
"Ela mantém o foco e consegue localizar interrupções e nos conduzir de volta ao ponto. Começa a reunião no horário determinado e controla o tempo."

☐ Valorizamos facilitadores que equilibram orientação da tarefa com atenção ao processo e que fornecem uma estrutura clara, mas também conseguem relaxar quando é necessário.
"Ele cumpre a agenda sem sacrificar a qualidade do momento. Permanece presente e centrado, e estabelece um tom que permite uma atmosfera positiva." "Ela é flexível com o processo e a estrutura, de forma a atender as necessidades de todos."

☐ Valorizamos facilitadores que "lideram como um serviço ao grupo".
"Ele se interessa por saber do que necessitamos e responde ao *feedback*. O que importa para ele são as necessidades do grupo."

EXERCÍCIOS DE COMUNICAÇÃO NÃO VIOLENTA

- ☐ Valorizamos facilitadores que prestam atenção às dinâmicas do grupo.
  "Ela observa a todos no grupo e as interações entre os membros. Ajuda a facilitar o processo e incentiva o processo do grupo sem dominar ou se 'apoderar' dele. Sabe como ajudar o grupo a seguir em frente ou a permanecer onde está."

- ☐ Valorizamos facilitadores que têm consciência das necessidades de segurança do grupo e criam um espaço que enfatiza a inclusão.
  "Ele incentiva todo mundo a participar e garante que cada pessoa tenha a oportunidade de falar e ser ouvida. Mantém um equilíbrio, de forma que o grupo não seja dominado por alguns poucos membros." "Ela mantém um ambiente emocional seguro e extrai plena participação dos presentes, de forma que eles se sintam capazes de se expressar e ser quem são."

- ☐ Valorizamos facilitadores que personificam a compaixão.
  "Ele é aberto, empático e paciente. Ouve com atenção, sem julgar."

- ☐ Valorizamos facilitadores que são brincalhões e têm uma liderança divertida.
  "Ela é leve e tem senso de humor."

- ☐ Valorizamos facilitadores que mostram humildade, disponibilidade para reconhecer suas próprias limitações e coragem para assumir riscos.
  "Ele é vulnerável, reconhece os próprios limites e medos e é capaz de pedir ajuda. É corajoso ao reconhecer o que não sabe. Ele se dispõe a sair da zona de conforto e ir para lugares incômodos."

□ Valorizamos facilitadores que chegam preparados e cumprem seus compromissos.

"Ele planeja as reuniões, é organizado e leva a sério seu compromisso como facilitador."

□ Valorizamos facilitadores que nos levam de volta a nos expressarmos em CNV.

"Ela se mantém dentro do processo e nos ajuda a ouvir os sentimentos e as necessidades uns dos outros de forma clara, especialmente quando surge atrito."

□ Outras qualidades que valorizamos em um facilitador de grupo de prática:

Clareza, autenticidade, honestidade, criatividade.

E. Criar regras

Combinar um conjunto de regras para seu círculo de prática pode economizar tempo e ser uma maneira de garantir que todos estejam alinhados. Se pretende estabelecer regras para seu grupo de prática de CNV ou organização, experimente o exercício de CNV a seguir:

1 Regras são estratégias para atender necessidades — explorem e expressem a(s) necessidade(s) por trás da regra.
2 Perguntem a si mesmos: "Esta regra é um pedido ou uma exigência?" (Alguém nota alguma ideia de "deveria, tem que, devia fazer" em torno dela?)

Principalmente no caso de um grupo que se reúne com regularidade, é possível ter mais satisfação com diálogos contínuos em relação a sentimentos, necessidades e pedidos atuais do que com regras — em especial, se estas não partem

EXERCÍCIOS DE COMUNICAÇÃO NÃO VIOLENTA

da discussão de necessidades no grupo. Às vezes, elas têm a tendência de nos inclinar ao julgamento e à culpabilização quando encontramos alguém que escolheu "quebrar a regra". E, portanto, quando alguém "quebra a regra" — perdendo reuniões, por exemplo —, além do que podemos sentir em relação à ausência dessa pessoa, também experimentamos uma camada adicional de mágoa porque as regras do grupo não foram respeitadas.

Se temos uma necessidade em relação à qual estamos particularmente aflitos, por exemplo, confidencialidade, em vez de tentar fazer todo mundo concordar com uma "regra de confidencialidade", podemos tentar articulá-la: "Estou preocupado com a possibilidade de ser entendido ou visto de maneiras diferentes do que quero que aconteça. Quando compartilho alguma coisa sobre minha vida neste círculo, às vezes tenho receio de que um de vocês conte a alguém o que eu disse, e essa pessoa tenha uma impressão sobre mim que eu não quero que tenha. Queria saber se vocês também têm esses medos".

Podemos solicitar um tempo para explorar situações específicas que desencadeiam medos — como falar sobre outras pessoas na ausência delas. Que necessidades estamos atendendo, e de que outras maneiras podemos atender essas necessidades? Como podemos cultivar uma consciência de intenção mais profunda quando falamos sobre outras pessoas? Como podemos verificar a sensação de conforto de outras pessoas em relação a essa questão à medida que o círculo progride?

Regras, por sua identificação com estratégias específicas, podem prejudicar o cultivo do espaço central transformador onde os milagres acontecem — onde, com alegria, abrimos mão de coisas que, um minuto antes, pensávamos que "tínhamos que ter", graças à percepção profundamente transformada de que há uma superabundância de estratégias para que todas as necessidades sejam atendidas.

É claro, regras e leis desempenham um papel importante em nossa sociedade. Como praticantes da CNV, podemos traduzir cada uma que encontramos, de forma a ouvir a necessidade por trás dela com toda a clareza possível. O que é mais importante, tentamos nos manter conectados à necessidade por trás da escolha de se comportar de acordo com essa regra, ou não. Em uma comunidade de CNV, sabemos quanto vamos "pagar" se alguém entre nós ouve as regras do grupo como exigências, e então — lamentavelmente — decide "seguir as regras".

F. Pedir *feedback*

Conhecimento claro e preciso sobre como nossas palavras e atitudes afetam outras pessoas é um recurso da maior importância para o crescimento pessoal e a capacidade de se comunicar com eficiência. A CNV enfatiza a responsabilidade pessoal pelos próprios sentimentos, bem como pelas próprias atitudes. Portanto, entendemos que nossas palavras e atitudes não podem "fazer" o outro sentir ou fazer nada, e que os sentimentos de outras pessoas derivam de suas necessidades atendidas ou não.

Contudo, também temos consciência de que todos temos um tremendo poder para contribuir para o bem-estar de outras pessoas (ou para a falta dele). Se sentimos alegria em contribuir para a vida (nosso próprio bem-estar, bem como o dos outros), valorizamos o *feedback* que mostra se a intenção de contribuir foi realizada. A sensação de estômago inchado pode ser o *feedback* para eu ter comido um banquete de dez etapas. O sorriso do entregador pode ser o *feedback* para eu ter segurado a porta para ele. A buzina do carro atrás de mim pode ser o *feedback* para como estou saindo de ré da vaga no estacionamento.

Muitos de nós gostaríamos de receber o *feedback* que confirma que nossas atitudes estão realmente contribuindo para a vida. Mas podemos ter menos interesse em receber *feedback* do

EXERCÍCIOS DE COMUNICAÇÃO NÃO VIOLENTA

tipo "negativo", se escolhemos ouvi-lo como julgamento, condenação ou exigência. No entanto, um estômago inchado não julga o banquete, não condena minha escolha de me empanturrar, nem exige que eu nunca mais faça isso. Se nos lembramos que sempre temos o poder de escolha e que a fonte do *feedback* nunca pode nos "fazer" comportar de maneira diferente, conseguimos entender o *feedback* simplesmente como informação preciosa que nos ajuda a tomar decisões mais efetivas. É útil lembrar que escolher ouvir o outro com o objetivo de entender sua posição não implica, de maneira alguma, alinhamento ou concordância — é só uma disponibilidade para se conectar a fim de entender com precisão o que está vivo nele nesse momento específico.

Em um grupo de prática de CNV, todos compartilhamos do compromisso de aprofundar nossa capacidade de compaixão, conexão e comunicação. Pertencer a um grupo de prática de CNV pode ser uma mina de ouro para quem valoriza o *feedback*. No fim de cada sessão do grupo, reserve um tempo para reflexão, reconhecimento mútuo e *feedback*. Os apêndices 5 e 6 são formulários de *feedback* individual e de grupo usados por alguns grupos de prática.

G. Conflitos no grupo

Parte da riqueza e do desafio de trabalhar e aprender em um grupo é ter nossas emoções afetadas. A maioria de nós provavelmente vai experienciar alguma tensão e conflito em um grupo que se reúne por um bom tempo. Nossa tarefa mais importante com base na CNV é progredir para a consciência do que sentimos e necessitamos quando experimentamos conflito. Com ela podemos fazer uma escolha consciente sobre como abordar nossas necessidades de uma forma em que seja mais provável encontrar satisfação.

Enquanto em outros grupos podemos, de forma inconsciente, suprimir ou ignorar a tensão que sentimos entre as

PRATICAR EM GRUPO

pessoas, às vezes acontece em um grupo de prática de CNV de reagirmos a situações desagradáveis expondo nossos companheiros de grupo a toda frustração, irritação e raiva que eles desencadeiam em nós com a presunção de que esse é "o jeito CNV". Quando experimentamos pela primeira vez a empolgação de nos conectarmos com nossas necessidades, às vezes esquecemos que, no longo prazo, não podemos atender às nossas necessidades em detrimento dos outros. O conflito certamente é uma matéria-prima interessante para ser trabalhada, mas ainda assim podemos exercer julgamento em relação ao momento, ao tamanho do trabalho e à qualidade do material. Um grupo de prática maduro pode acolher conflitos generalizados que teriam sido esmagadores para seus membros alguns meses antes. Também precisamos nos lembrar de que, se conflitos não resolvidos levam à saída de membros ou à dissolução do grupo, esse é um momento crucial para a prática de CNV (ver número 11 na p. 55).

As situações a seguir, envolvendo conflito ou insatisfação, são comuns em grupos de prática de CNV em algumas comunidades. As citações entre aspas são dos próprios participantes, seguidas de comentários. Se você está vivendo algumas das situações difíceis mencionadas, use as palavras do membro do grupo citado para ajudá-lo a entrar em contato com seus sentimentos e necessidades. Esta lista também pode ser usada para promover *role-play* ou diálogo em tempo real no seu grupo.

1. Mulheres, homens e outras diferenças

"Às vezes, quando uma mulher do grupo está falando, eu me sinto irritado, porque queria estar desfrutando do mesmo nível de compreensão e apreendendo as nuances que todas as mulheres do grupo parecem compartilhar umas com as outras. Tenho medo de estar perdendo alguma parte vital da

EXERCÍCIOS DE COMUNICAÇÃO NÃO VIOLENTA

conversa. Quero participar plenamente, enquanto sou visto e aceito por quem sou e o que sou."

Essa pessoa manifesta sua necessidade de inclusão — um valor que costuma ser proeminente quando participamos de um grupo. Ele talvez queira se perguntar o que está observando que o leva a pensar que as mulheres estão captando alguma coisa que ele não vê. Notou olhares entre algumas mulheres? Risadas quando não percebeu nada engraçado? Ao oferecer esse tipo de observação, ele talvez ajude as mulheres a notarem comportamentos que podem não ter sido conscientes, mas, o que é mais importante, expressa seus sentimentos e necessidades e pede empatia às mulheres. Se ele pudesse obter a confirmação de que as mulheres entendem e se importam com o fato de ele se sentir sozinho e irritado e ter necessidade de ser incluído, conseguiria experimentar conexão e aceitação, ainda que continuasse confuso com o humor de certos momentos.

Em um grupo onde nos percebemos como "minoria", podemos (depois de expressar nossas necessidades) fazer pedidos específicos de comportamentos que pensamos apoiar nossas necessidades de inclusão ou respeito. Por exemplo: "Você aceitaria usar palavras diferentes de 'sexista' para descrever aquilo a que está reagindo?"* Em um grupo diverso, nossa necessidade de inclusão ainda pode ser atendida, mesmo que nunca "captemos" o que todos os outros que compartilham de uma origem comum podem estar "captando". O que vai fazer diferença é se obtemos a confiança e a reafirmação de que um número signifi-

---

* Neste exemplo, um homem pede a uma mulher que não use o termo "sexista". É importante destacar que, no contexto da CNV, é essencial reconhecer e evitar julgamentos ou diagnósticos que possam bloquear a empatia e o entendimento mútuo. No entanto, termos como "sexismo" desempenham um papel crucial na identificação e discussão de sistemas de opressão e desigualdade. Ao discutir questões de desigualdade e discriminação, o uso cuidadoso e consciente do termo "sexismo" é fundamental para uma compreensão completa e para o diálogo efetivo. [N. R. T.]

PRATICAR EM GRUPO

cativo dos presentes (o que pode ser só uma pessoa) ouve nossa dor e se importa de maneira sincera com nossas necessidades de ser completamente incluídos, aceitos e respeitados.

2. Praticar *versus* falar sobre uma situação

"Eu fico frustrado toda vez que combinamos *role-plays* e depois terminamos falando *sobre* as situações que as pessoas trazem. Fico confuso sobre o porquê de isso acontecer."

Depois de reconhecer essa preocupação abertamente ao grupo, podemos rever a seção K, "Sugestões para estruturar um *role-play*", para ter certeza de que todos no grupo entendem claramente o propósito e o processo do *role-play*. Se o grupo continuar falando sobre a situação em vez de praticar, talvez a pessoa central (de quem é a situação de vida) esteja sofrendo muito e necessite empatia, antes de poder sustentar um *role-play*. Nesse caso, podemos buscar um "cenário irrealista" onde a pessoa central receba empatia da outra parte (ver seção K, "Sugestões para estruturar um *role-play*", item 2), ou interromper o *role-play* e iniciar uma sessão de empatia (ver seção J, "Sugestões para estruturar uma sessão de empatia").

Este é um exemplo do que se pode dizer para abordar a situação:

"Tenho a sensação de que estamos falando sobre este cenário em vez de praticá-lo. Estou pensando se seria útil, (nome da pessoa central), se você fosse mais plenamente ouvido e compreendido a respeito da situação antes de que nos dediquemos ao *role-play*. Como você se sentiria de apenas relaxar em uma sessão de empatia, enquanto nos dedicamos a ouvir e devolver seus sentimentos e necessidades atuais com relação a essa situação passada?"

EXERCÍCIOS DE COMUNICAÇÃO NÃO VIOLENTA

3. Estrutura: rígida ou solta?

Estas coisas acontecem:

- as pessoas chegam atrasadas...
- então socializam entre elas...
- o facilitador começa o *check-in* 20 minutos depois do horário combinado...
- as pessoas expressam seus pensamentos e suas opiniões sobre vários assuntos mais ou menos relacionados a CNV — na maior parte das vezes, menos...
- elas falam demais (mais palavras do que eu gostaria de ouvir) e sobre coisas que não me interessam...
- o *check-in* dura 45 minutos...
- o facilitador parece seguir o fluxo (é como se apenas ouvíssemos quem quer que queira falar sobre qualquer coisa)...

"Eu fico frustrado porque quero dedicar meu tempo aqui à prática de CNV."

Esse orador valoriza o tempo do grupo e quer que ele seja usado de maneira consciente a serviço do propósito original para o qual o grupo foi formado: "praticar CNV". Antes de se expressar para o grupo, ele talvez queira esclarecer para si mesmo o que quer dizer com "praticar CNV", e ficar aberto para as definições de outros membros. Depois de comunicar sua frustração e necessidade de receber empatia e compreensão, ele pode querer ouvir como outros experimentaram os gatilhos que mencionou. Ele pode descobrir, por exemplo, que alguém que chegou atrasado também estava frustrado com o atraso, ou por que alguém dá mais valor ao *check-in* de 45 minutos do que a qualquer outra atividade da reunião. Talvez seja útil promover uma rodada devolutiva (ver seção I, "Formas de interação de grupo") repetidamente até que todas as necessidades e todos os sentimentos relacionados a esse assunto tenham sido ouvidos, e só então começar a explorar soluções. Se forem feitos acordos no fim da discussão, termine com outra rodada devolutiva, na qual todos os membros expressam seus sentimentos sobre os acordos e quais de suas necessidades foram atendidas quando os fizeram.

4. Interações em "tempo real" *versus* prática planejada, ficar com raiva antes de chegar ao capítulo da raiva e mais sobre estrutura

Como foi mencionado na seção A, "Criar um grupo de prática", ainda que todos os membros compartilhem razões básicas para se reunirem, podemos atribuir valores diferentes a diferentes aspectos da nossa experiência de grupo de CNV. Algumas pessoas valorizam interações em "tempo real", enquanto outras querem se centrar na prática por intermédio de *role-plays*, exercícios, tarefas etc. Muitos queremos equilibrar e incluir os dois, como a pessoa a seguir:

> "Eu me sinto ansioso e dividido quando ouço alguém expressar dor, às vezes durante o *check-in*, porque quero que usemos o tempo para empatizar, e também quero que completemos os *check-ins* para passar ao restante da nossa sessão prática planejada."

É útil para um grupo reconhecer isso abertamente como uma tensão contínua — e uma tensão que pode provocar respostas diferentes à medida que o grupo cresce em seu domínio da CNV. Nós nos referimos brincando ao problema de "ficar com raiva antes de chegar a 'Expressar raiva plenamente'" quando usamos este currículo de um capítulo por semana. Até que o pro-

EXERCÍCIOS DE COMUNICAÇÃO NÃO VIOLENTA

cesso de CNV seja abordado por completo (duas partes e quatro componentes), talvez ajude se o grupo limitar interações sobre situações em tempo real a uma parte específica da sessão, por exemplo, o *check-in*. Desse modo, o grupo passará mais tempo praticando e aprendendo CNV do que discutindo opiniões, experiências passadas, teorias e situações pessoais. Quanto todos os elementos básicos do processo tiverem sido abordados (por volta da oitava semana), o grupo poderá incorporar sessões de empatia. À medida que cada um adquire mais fluência em CNV, partes cada vez maiores da sessão podem consistir em interações em tempo real não estruturadas.

Em qualquer grupo, é comum encontrar alguns membros que querem mais estrutura e outros que querem menos. Se eu quero mais estrutura, é útil expressar com frequência — e de forma específica — o que achei do exercício estruturado que o grupo acabou de concluir. Do mesmo modo, se aprecio menos estrutura, eu poderia fazer um esforço consciente para especificar maneiras pelas quais eu me beneficiaria de uma oportunidade de interagir em tempo real.

5. Seguir acordos do grupo

"Eu fico frustrado quando combinamos de incorporar um tempo para *feedback* no fim de cada sessão, mas só em duas de muitas reuniões o facilitador da sessão nos alertou a tempo para fazer isso. Quero poder confiar que as coisas vão acontecer como todos nós combinamos."

Se essa pessoa entende que valoriza não só confiabilidade, mas também aprendizado e conexão — que espera receber por meio de *feedback* regular —, ela pode abordar esses conjuntos distintos de necessidades com o grupo de forma separada. Como sempre, ela vai querer primeiro ser recebida e saber que suas necessidades foram entendidas. Então, talvez outros membros expressem como sentiram a falta de *feedback*. Depois, separadamente, a falta de continuidade pode ser abordada da mesma maneira. É só depois que os sentimentos e as necessidades de todos em relação a cada questão tiverem sido ouvidos que o grupo passa a estratégias e soluções.

6. Quando queremos que a nossa energia e o nosso comprometimento sejam acompanhados pelos outros

"Quando vejo alguém perder três quartos das nossas reuniões e chegar sem ter lido o livro ou feito a tarefa, eu me sinto frustrado, porque gostaria de ver mais compromisso e contribuição por parte das pessoas. Quero pertencer a um grupo no qual somos mutuamente apoiados pelos compromissos e esforços uns dos outros. (Também fico confuso e gostaria de entender por que alguém que participa tão pouco quer fazer parte do nosso círculo.)"

É fácil presumir que a ausência repetida e a falta de preparo de alguém são sinais de desinteresse, sem verificar com a pessoa se é isso mesmo. A falta de participação de outros membros pode desencadear desestímulo, insegurança e frustração em nós, especialmente se estamos fazendo um grande esforço para cumprir o compromisso (porque talvez nem todas as nossas necessidades estejam sendo atendidas no grupo). Seria útil parar e saber deles se a ausência tem relação com necessidades não atendidas no grupo (daí a falta de entusiasmo para participar) ou com outras circunstâncias. Podemos, por exemplo, receber uma resposta completamente diferente, como:

"Embora eu compareça às reuniões só uma vez por mês, este círculo é uma coisa muito importante para mim. O apoio e o

EXERCÍCIOS DE COMUNICAÇÃO NÃO VIOLENTA

aprendizado que obtenho aqui são como uma âncora para o resto da minha vida maluca. Estou tão exausto quando chego aqui depois do trabalho e do longo percurso de carro que não tenho muita energia, e sei que isso parece louco, mas não consigo nem explicar quanto aprecio poder só absorver a paz e a compaixão que sinto nesta sala. Quanto às tarefas, fico um pouco constrangido de dizer isso, mas não sou muito de livros. Quero dizer, não leio muito, e não é assim que eu aprendo — pelos livros. Mas eu me lembro de quase tudo que escuto, então ouvir vocês fazendo os exercícios aqui me ajuda. Entendo que você queira ver todo mundo colaborando, e quero fazer a minha parte. Gostaria de saber o que posso fazer para contribuir, mesmo se eu não conseguir comparecer a todas as reuniões até ser transferido no emprego."

Ou você pode descobrir que a outra pessoa não está mesmo entusiasmada para participar do grupo, e nesse caso lembramos rapidamente a nós mesmos: "Não tem a ver comigo. Tem a ver com necessidades" — necessidades deles que são atendidas por estarem em outro lugar, ou necessidades deles que não foram atendidas por estarem aqui.

7. Membros que "dominam"

"Quase toda semana, vejo as mesmas duas pessoas tendo mais tempo de fala do que outras. Em algumas ocasiões, já as ouvi levantar a voz e falar mais alto do que alguém que estava começando a falar. Fico desapontado, porque quero que todos tenham oportunidades iguais para falar e ser ouvidos. Quero aprender com todo mundo."

Muitos vivemos situações nas quais certas pessoas falam muito mais do que gostamos de ouvir. Frustrados e impotentes, incapazes de atender às nossas necessidades de mutualidade ou conexão, podemos acabar rotulando a outra pessoa de "dominadora", "insensível", "exaustiva" etc. No capítulo sobre "O poder da empatia", no livro, tem uma seção que explica como interromper quem está falando em vez de fingir que estamos ouvindo.

Em um grupo de prática, podemos nos sentir desconfortáveis com uma pessoa ocupando muito mais tempo, mesmo apreciando o que essa pessoa diz, porque valorizamos muito a participação equilibrada. Como as pessoas que são percebidas por outras como quem "fala demais" não necessariamente têm consciência quando seu comportamento se enquadra nessa categoria, elas podem apreciar algum tipo de *feedback* explícito: por exemplo, levantar a mão quando começamos a nos incomodar e queremos que a palavra seja passada a outro. Também podemos considerar estruturar com mais equilíbrio usando a rodada ou o bastão de fala (ver parte III, seção I, "Formas de interação de grupo"), ou até tentar a brincadeira das fichas de fala, em que todo mundo começa com um número igual de fichas e se desfaz de um cada vez que toma a palavra.

8. "Fazer CNV" como um obstáculo à conexão

> "Às vezes, quando vejo pessoas 'fazendo CNV' pela repetição mecânica do processo, eu me sinto irritado, porque a minha necessidade é de conexão autêntica em vez de correção."

Quando percebemos que somos abordados por fórmulas de CNV, em vez de uma aplicação viva dos conceitos de CNV, talvez seja útil lembrar de permanecer conectados aos conceitos dentro de nós. Lembre-se, mais uma vez, de que qualquer forma de raiva, como irritação ou aborrecimento, tem sua provável origem no "pensamento deveria". Embora não haja nada de "errado" em pensar desse jeito, somos mais propensos a sentir a conexão au-

EXERCÍCIOS DE COMUNICAÇÃO NÃO VIOLENTA

têntica que esperamos quando traduzimos esse pensamento em sentimentos e necessidades.

Costumamos ficar presos em irritação e conflito quando acreditamos que os nossos sentimentos são causados pelas atitudes de outras pessoas, como: "Eu me sinto irritado porque você está repetindo o processo". É benéfico examinar o sentimento de irritação para ver se ele tem raízes em algum pensamento sobre como "a conexão autêntica 'deveria' soar". Pare um momento para se recentrar — uma respiração profunda e lenta etc. Ao dedicar um momento para ter mais clareza sobre o que está acontecendo dentro de si em um nível mais profundo, você estará mais aberto para ouvir o que acontece na outra pessoa em relação à conexão autêntica. Talvez o orador também valorize a conexão autêntica e esteja se apoiando no processo como a melhor maneira de estabelecer conexão.

Se você está sofrendo por sentir que recebe "empatia roteirizada", pode reconhecer a situação desta maneira: "Eu ouço o esforço consciente que você está fazendo para se colocar no meu lugar. Percebo que estou enfrentando dificuldades para me manter presente e quero o que, para mim, é um sentimento mais profundo de conexão autêntica entre nós. Você estaria disposto a trabalhar nisso comigo expressando de um jeito diferente o que acabou de dizer? O que eu realmente preciso ouvir agora é 'xyz'". Ou então fazer uma solicitação clara e viável de honestidade — para que a outra pessoa revele o que está acontecendo dentro dela nesse momento. Não tenha pressa. Lembre-se da energia da qual quer sair e do desejo de que a pessoa só responda a partir do coração — por vontade própria e sem medo de consequências.

Muitas vezes, em momentos de incerteza, quem pratica CNV se refere às etapas do processo como um verdadeiro mapa que os leva passo a passo ao lugar do coração. Quando nos dispomos a ouvir e ver a intenção de outra pessoa em vez de prestar atenção em suas "tentativas rígidas de praticar CNV", podemos chegar a

PRATICAR EM GRUPO

reconhecer como ambos os corações, o nosso e o dela, compartilham a mesma intenção e o mesmo desejo por conexão.

9. Reuniões "boas, mas chatas"

"Eu me sinto desapontado com a qualidade muitas vezes 'boa, mas chata' de nossas reuniões. Isso não atende à minha necessidade de conexão autêntica."

Muitas vezes, é necessário apenas que uma pessoa introduza algo "real" no círculo para que a cultura do grupo se aprofunde em intimidade e autenticidade. Se nos dispomos a ser essa pessoa, podemos primeiro manifestar a nossa necessidade, e depois solicitar *feedback* sobre se, quando ou como os outros membros estariam dispostos a receber alguma coisa que gostaríamos de nos arriscar a compartilhar.

Outra opção é começar um diálogo sobre o assunto: "Pensando nas nossas reuniões nos últimos quatro meses, às vezes eu me sinto desapontado por não termos tocado em nenhum assunto que provoque fortes sentimentos em nós. Gostaria de mais profundidade e autenticidade na nossa conexão. Posso ouvir de cada um de vocês como sentiram esse aspecto das nossas reuniões?" Explore que medos podem estar impedindo os membros de compartilhar mais abertamente e, sobretudo, as necessidades por trás dos medos. Coloque-se no lugar de cada pessoa, sem pressa, antes de tentar decidir como o grupo poderia mudar de forma que aborde a necessidade de autenticidade, bem como as outras necessidades expressadas.

10. Um dissidente solitário

"Uma pessoa não aceita o que o restante do grupo quer e diz que só vai praticar de um jeito específico. Eu fico preocupado,

EXERCÍCIOS DE COMUNICAÇÃO NÃO VIOLENTA

porque quero cooperação e mais consideração com o que a maioria do grupo deseja. E, então, quando vejo o tempo e a energia que o grupo dedicou a lidar com o que essa pessoa quer, começo a me sentir ressentido, porque quero dedicar tempo ao currículo, e também desfrutar de uma atmosfera de grupo mais divertida e harmoniosa."

A dor em uma situação como essa pode ser especialmente intensa para um ou mais membros de um grupo de prática, porque somos lembrados o tempo todo da importância de atender às necessidades de todos. Alguns temos medo de cair em comportamentos que condenamos, como a "tirania da maioria", "estigmatização" etc. Podemos, então, nos sentir deprimidos, impotentes e frustrados, vendo-nos encurralados entre ceder à vontade de uma única pessoa ou impor o poder da maioria de maneiras que nós mesmos reprovamos.

Aqui, precisamos parar e respirar fundo, soltar o ar e lembrar a diferença entre necessidades e maneiras específicas de atender a essas necessidades. (Rever a distinção entre "necessidades" e "pedidos" no processo de CNV. Pedidos consistem em estratégias que esperamos que possam atender a uma necessidade.) Podemos deixar a resolução de problemas de lado por enquanto, concentrar-nos em nutrir empatia e conexão no grupo e acreditar que, quando os corações se conectem, as soluções aparecerão? Para conectar de verdade, vamos precisar compartilhar as nossas frustrações — como nos sentimos impotentes quando não vemos saída para o nosso dilema, como valorizamos profundamente a inclusão e o respeito, quanto nos importamos com que as necessidades de todos sejam atendidas etc. — e então convidar a outra pessoa a expressar os sentimentos e as necessidades desencadeadas por sua posição de "ovelha negra".

Se conseguirmos oferecer empatia uns aos outros pela dor dessa divisão no grupo, estaremos prontos — a partir dessa posição de conexão e compaixão — para voltar e explorar a questão original. Podemos estar de acordo em experimentar algumas estratégias novas, ou em aceitar que, para todos nós, a necessidade de aprender pode ser mais bem atendida com a pessoa dissidente procurando uma situação de aprendizado diferente. (Ver a seguir, "Quando alguém sai ou o grupo todo se dissolve".) Podemos chegar a reconhecer que é possível se libertar sem se desconectar, separar-se fisicamente sem deixar de estar no coração um do outro.

11. Quando alguém sai ou o grupo todo se dissolve

Quando um grupo perde um membro ou se dissolve por completo, é comum que todos sintam dor, percebam fracasso e exercitem a culpabilização do outro e de si mesmos. Portanto, esse é um momento crucial para praticar CNV. Seria útil lembrar que podemos fazer escolhas conscientes sobre como encerrar uma forma específica de relacionamento. Podemos celebrar separações reconhecendo francamente nossas diferenças, nossa dor e as necessidades não atendidas, dedicando tempo de verdade a ter plena empatia pelo outro, e também expressando o que apreciamos durante nosso tempo juntos. Podemos lamentar nossas decepções e ainda desejar com sinceridade o bem do outro, seguindo caminhos diferentes de compromisso. Nosso trabalho é manter o coração aberto para o outro mesmo quando escolhemos formas diferentes de atender às nossas respectivas necessidades de aprendizado, comunidade etc.

12. Participantes de níveis diferentes

Grupos de prática que incluem recém-chegados à CNV e praticantes mais experientes podem descobrir que é útil reconhecer uma tensão característica de grupos formados por membros de

EXERCÍCIOS DE COMUNICAÇÃO NÃO VIOLENTA

níveis diferentes. Praticantes experientes provavelmente testemunharam e foram inspirados pela beleza e pelo poder das interações da CNV. Por sua experiência, talvez tenham aprendido sobre os obstáculos de comportamentos sociais comuns, como analisar, elogiar, contar histórias, simpatizar, diagnosticar etc. Ao ver esses comportamentos no grupo, eles podem ficar preocupados e frustrados, porque gostariam que a CNV fosse aprendida e praticada de um jeito que refletisse os princípios e a compreensão da CNV. Então, quando fazem sugestões ao grupo, podem ficar ainda mais frustrados ao se perceberem incapazes de transmiti-las de um jeito que seja ouvido e apreciado por aqueles que ainda não experimentaram pessoalmente os efeitos da CNV. Na verdade, podem perceber que suas sugestões desencadeiam insegurança e ressentimento no grupo, especialmente em quem está se esforçando para liderar aquela sessão em particular.

Para grupos de níveis diferentes, pode ser benéfico convidar o mais experiente entre eles para liderar o círculo, pelo menos na tarefa 8 (quando se espera que todos os participantes tenham aprendido o básico do processo de CNV). Assim, os praticantes experientes têm uma oportunidade de aplicar suas habilidades de CNV e servir ao grupo de maneiras que, provavelmente, serão mais apreciadas pelos outros.

Os dois diálogos a seguir abordam "velhos adeptos da CNV" que se encontram em um grupo de prática com recém-chegados à CNV. O primeiro diálogo é entre um velho adepto e um amigo — outro praticante experiente que não faz parte do grupo.

VELHO ADEPTO: "Eu estou me sentido meio frustrado um monte de vezes no meu grupo de prática..."

AMIGO: "Ah, tem alguém no seu grupo que é novato em CNV?"

VELHO ADEPTO: "Tem. Duas ou três vezes, vi alguma coisa acontecer e disse: 'Para fazer isso em CNV, você diria assim [...]' E a resposta foi: 'Não, não me fala. Você pode fazer desse jeito, mas eu quero fazer assim'."

AMIGO: "Posso entender que está se sentindo um pouco frustrado, porque [...]."

VELHO ADEPTO: "Isso! Eu estou estudando e praticando há dois anos, e cometi um monte de erros e tenho pelo menos um pouco mais de compreensão e conhecimento do que quando comecei, e queria poder compartilhar essas coisas... oferecer o que aprendi a um grupo no qual quase todo mundo é novo em CNV..."

AMIGO: "Então você está triste porque a sua necessidade de contribuir desse jeito não está sendo atendida?"

VELHO ADEPTO: "Estou... estou triste. E também estou meio com raiva."

AMIGO: "Com raiva? Como quando ouve como eles respondem à sua tentativa de ajudar?"

VELHO AMIGO: "Sim, estou percebendo que eu me sinto com raiva... acho que isso significa que devo ter um velho 'pensamento deveria' passando pela minha cabeça."

AMIGO: "O que acha de identificar esses 'pensamentos deveria'?"

VELHO ADEPTO: "Ah, sim, o 'pensamento deveria'... Vamos ver. Acho que estou pensando: 'Eles deveriam me ouvir. Deveriam acreditar em mim, deveriam poder ver as minhas intenções e saber que o que eu estou dizendo vai ajudá-los'."

AMIGO: "Hum, então, traduzindo o 'pensamento deveria' em necessidades..."

VELHO ADEPTO: (Silêncio. Depois:) "É, eu preciso contribuir, talvez precise que confiem em mim e me entendam melhor." (Longo silêncio.)

AMIGO: "Ainda está com raiva?"

VELHO ADEPTO: "Hum hum. Não. Eu estou... acho que magoado."

AMIGO: "Você se sente magoado porque quer que as suas intenções sejam vistas e apreciadas? E que aquilo que você oferece seja recebido?"

EXERCÍCIOS DE COMUNICAÇÃO NÃO VIOLENTA

VELHO ADEPTO: "É isso. Eu quero ser recebido, quero que confiem em mim e me reconheçam..." (Silêncio, enquanto o velho adepto permanece presente para sentimentos dentro dele.)

AMIGO: "Eu me pergunto, você também sente algum desânimo, porque quer poder comunicar as suas intenções de um jeito que seja mais bem entendido?"

VELHO ADEPTO: "É, eu me sinto desapontado comigo mesmo. Quero ser mais eficaz, mais competente na aplicação da linguagem da CNV. Quero alguma segurança de que, depois de dois anos, consigo comunicar as minhas intenções de forma a ser entendido."

AMIGO: "Bem, talvez você esteja fazendo isso agora. Você acha que eu estou entendendo o que você quer comunicar?"

VELHO ADEPTO: "Sim, sim, você entendeu."

AMIGO: "Então, talvez você consiga fazer a mesma coisa com o pessoal novo. Estou vendo um deles, do seu grupo de prática, chegando bem agora."

VELHO ADEPTO: "Ai, não!"

AMIGO: "Não? Será que isso não pode ser traduzido em CNV clássica como 'Eu estou com medo; queria ter mais confiança do que tenho, e meu pedido a mim mesmo é seguir em frente e tentar'."

VELHO ADEPTO: "Hum... sim. Bem, vamos lá..."

O segundo diálogo é entre o mesmo velho adepto e um membro do grupo de prática que é bem iniciante em CNV.

VELHO ADEPTO: "Ah, oi. Queria falar com você. Algumas vezes, no grupo de prática, quando eu sugeri: 'Para dizer isso em CNV, porque você não [...]', ouvi sua resposta como alguma coisa tipo: 'Não, não quero fazer desse jeito' ou 'Não sei se o que está dizendo é verdade' [...]."

NOVATO: "Sim, é bem irritante quando você diz o que devemos fazer! Como se fosse o único que soubesse fazer isso do jeito certo.

Tudo bem, você está estudando há dois anos, mas isso não significa que o resto de nós não sabemos nada. Quero dizer, muitos temos praticado compaixão e comunicação e... claro, você pode saber algumas coisas, mas eu sei outras coisas."

VELHO ADEPTO: "Então, eu estou ouvindo que você se sente frustrado porque gostaria de ser tratado de outro jeito, de um jeito que demonstre reconhecimento pelo que você aprendeu, pelo que sabe e pelos esforços que está fazendo?"

NOVATO: "Isso mesmo. Estou tentando fazer o melhor que posso, e me sinto irritado quando alguém interrompe e me diz que tenho que fazer aquilo desse ou daquele jeito. Quero dizer, é claro que eu quero aprender CNV, é por isso que estou no grupo de prática. Quero me beneficiar das pessoas mais experientes, mas não quero que me digam que eu estou errado, você está certo, agora faça isso, agora faça aquilo!"

VELHO ADEPTO: "Então, quer que ofereçam opções, quer ouvir que pode haver outro jeito de fazer alguma coisa e ter a oportunidade de escolher. Talvez também queira respeito pelas escolhas que faz? Digo, em vez de ouvir: 'Este é o jeito certo, faça assim!'"

NOVATO: "Com toda certeza! Obrigado, obrigado! Agora eu vejo que tenho ouvido uma exigência de você. Mais ou menos como: 'este é o jeito certo', e que, se eu não fizer do seu jeito, sou burro, teimoso, resistente e, além do mais, demonstro falta de consideração e respeito com você."

VELHO ADEPTO: "Nossa! Então do que você precisa mesmo é confiar que eu estou fazendo as ofertas de um jeito que não impõe condições... uma oferta que é respeitosa com a sua escolha de usar ou não o meu ensinamento, com base no seu estilo de aprendizado ou nas suas necessidades particulares de aprendizado para aquele momento?"

NOVATO: "É exatamente isso. Se eu pudesse confiar que é com essa disposição que você está oferecendo ajuda, eu provavel-

EXERCÍCIOS DE COMUNICAÇÃO NÃO VIOLENTA

mente seria muito mais receptivo às suas sugestões... e provavelmente até apreciaria de verdade algumas delas!"

VELHO ADEPTO: "Hum. É, eu adoraria isso. Na verdade, foi sobre isso que comecei a conversar com você."

NOVATO: "Certo. Aposto que você se sente chateado porque gosta de verdade de contribuir e quer fazer isso de um jeito que seja reconhecido. Você estaria disposto a deixar um novato lhe oferecer um pouco de empatia em CNV?"

VELHO ADEPTO: "Eu adoraria! E... hum... você estaria disposto... hã... a aceitar a minha orientação para isso?"

H. Acolhendo o conflito: lembretes

1 Vá devagar. Vá mais devagar ainda.

2 Atenha-se aos sentimentos e às necessidades do momento *presente*.

Por exemplo, dois segundos atrás, quando estava ouvindo alguém falar, você pode ter sentido irritação. Neste momento, ao abrir a boca, você se sente amedrontado.

3 Centre-se na empatia e na conexão.

4 Peça ajuda.

Por exemplo, "Você estaria disposto a me ajudar a formular as minhas observações?"

5 Continue empatizando até que todos afirmem que seus sentimentos e necessidades foram entendidos.

6 Só então explore soluções.

Por exemplo, "Como vemos as coisas acontecendo de um jeito diferente no futuro? Vai haver mudanças de comportamento da minha parte ou da parte de outra pessoa?"

7 Celebre a nossa paz.

Reconheça: nossa intenção, coragem, paciência, perseverança, compaixão, esforço etc. Lembremos por que fazemos este trabalho e o que está acontecendo no mundo neste momento.

I. Formas de interação de grupo

Com o aumento de participantes em um diálogo, o potencial para desconexão entre eles também pode aumentar. Em um grupo de CNV com liderança compartilhada, a única diretriz para que uma discussão tenha fluidez é que cada pessoa permaneça consciente de suas próprias necessidades — livre de julgamentos morais — e que assuma a responsabilidade por atender essas necessidades. É claro que essas necessidades podem incluir oferecer, assim como receber, empatia pelo bem da compreensão, clareza e conexão.

O apêndice 7 é uma tabela do processo de CNV que pode ser usada para acompanhar as nossas interações em relação às duas partes e aos quatro componentes da CNV. A descrição a seguir, de várias formas de interação de grupo, está destinada aos grupos que desejam fazer experimentos com estrutura.

1. Rodada

A rodada cria um espaço para que cada pessoa tenha a vez de receber a atenção do grupo. Girando em um sentido, os oradores falam cada um em sua vez e indicam quando terminaram de falar. Não há resposta direta ao orador, embora quem esteja falando possa, é claro, abordar qualquer coisa que tenha sido dita antes. Quando um orador termina de falar, dá um sinal para passar a vez. Qualquer um pode passar a vez sem falar ou, ocasionalmente, escolher receber a empatia silenciosa do grupo antes de passar a vez.

Ao começar uma rodada, o grupo pode especificar:

a) quanto tempo dedicar no total;

b) o tempo permitido para cada participante (e como e por quem será dado o lembrete de tempo);

EXERCÍCIOS DE COMUNICAÇÃO NÃO VIOLENTA

c) o assunto (por exemplo, "Algo significativo em minha vida hoje", "Minha visão dessa organização", "Uma experiência ou um *insight* de CNV", "Desafios que enfrento como professor" etc.);

d) uma palavra ou gesto que um orador usa para indicar que concluiu sua fala;

e) se vai ser uma única rodada ou continuar até que todos passem a vez e não queiram falar mais nada.

2. Rodada devolutiva

Nessa variação da rodada, antes de ter sua vez, a pessoa que está logo depois de um orador devolve o que ele acabou de dizer até o orador se dar por satisfeito. Os oradores podem esclarecer e repetir alguma coisa, se não se sentirem plenamente compreendidos. No entanto, o objetivo é esclarecer, não acrescentar ao que já foi dito. A rodada devolutiva é útil para desacelerar o processo do grupo e apoiar a necessidade que cada pessoa tem de ser plenamente ouvida.

3. Bastão de fala

Um objeto simbólico das intenções do grupo é colocado no centro do círculo. Quem quiser falar, pega o objeto para "ocupar o palco". O orador pode fazer pedidos a qualquer um no grupo a fim de abordar suas necessidades. Ele continua segurando o objeto enquanto os outros respondem aos seus pedidos. Segurar o objeto faz o grupo e quem estiver falando se lembrarem que ainda são os pedidos dele que estão sendo abordados. Ao terminar, ele devolve o objeto ao centro e espera que os outros tenham sua vez antes de pegá-lo de novo.

4. Diretor de tráfego ou facilitador

Uma pessoa, ou uma sucessão de pessoas, é escolhida pelo grupo para dirigir o tráfego ou facilitar a reunião cumprindo alguma das tarefas a seguir, ou todas elas:

a) determinar de quem é a vez de falar;
b) repetir em CNV o que o orador disse, ou pedir a determinadas pessoas que traduzam o que foi dito (para apoiar a capacidade do grupo de ouvir os sentimentos, as necessidades e os pedidos específicos uns dos outros);
c) guiar o fluxo da discussão, interferir e pedir respostas específicas a pessoas específicas;
d) articular os pontos principais, as decisões e a direção para dar coerência e coesão à discussão.

5. Fluxo livre com devolução

Não existe "a vez de cada um" em uma interação de fluxo livre — confiamos que cada pessoa se dispõe e é capaz de abordar suas necessidades à medida que elas surgem. Como na rodada devolutiva, porém, antes de falar, cada pessoa repete o que o orador anterior disse até que ele se dê por satisfeito. Esse processo incentiva um grupo a desacelerar, ouvir com cuidado e receber cada orador antes de seguir adiante.

Os oradores que não ficarem satisfeitos com a devolução que receberem podem esclarecer o que disseram. A intenção, no entanto, é esclarecer, não expandir suas afirmações originais. O processo encalha se o orador e quem faz a devolução se dedicarem a um diálogo. Se, depois de algumas tentativas, o orador continuar insatisfeito com a devolução, o interlocutor pode solicitar a outro membro do grupo que assuma o seu lugar. Quando o orador finalmente fica satisfeito, volta a ser a vez da pessoa que quis falar na sequência.

EXERCÍCIOS DE COMUNICAÇÃO NÃO VIOLENTA

NOTA: Faça pedidos específicos em um grupo.

Não importa a forma de interação que o grupo assume, o processo do grupo melhora muito quando os oradores são conscientes de suas intenções e capazes de fazer pedidos específicos e conectados ao momento presente cada vez que se dirigem ao grupo. A CNV oferece as seguintes sugestões para ajudar um orador a especificar o que quer do grupo:

a) Esclareça quem você quer que responda, nomeando uma pessoa ou mais pessoas específicas.
Exemplos: "Eu gostaria que a Jeanine e o Harold me dissessem..."; "Eu gostaria que quem se interessar me dissesse..."; "Eu gostaria que dois *(três, quatro etc.)* de vocês me dissessem..."

b) Esclareça a ação que está solicitando.
Exemplos: "Eu gostaria que a Jeanine e o Harold me dissessem *(especifique os dados que espera receber deles)*..."; "Eu gostaria que *(especifique as pessoas que você espera que respondam)* todos os presentes *(especifique a ação)* levantem as mãos se *(especifique o que quer que a ação signifique)* concordam com encerrar a nossa reunião às 17h".
Quando você pede para várias pessoas responderem, talvez seja útil esclarecer a ordem em que quer que respondam:
Exemplo: "Eu gostaria de ouvir de cada um de vocês os motivos para estarem aqui. Gostaria de começar à minha esquerda e seguir em sentido horário".

c) Sinalize quando os seus pedidos foram atendidos satisfatoriamente e você estiver pronto para ouvir a pessoa seguinte.
Exemplo: "Terminei".

J. Sugestões para estruturar uma sessão de empatia

Uma sessão de empatia permite que um membro receba empatia autêntica, instantânea, para uma situação de vida significativa, enquanto fornece papéis específicos para os outros dentro de uma atividade prática estruturada de CNV. Considere as sugestões a seguir, enquanto desenvolve sua estrutura e suas diretrizes. Talvez você note que, com o passar de meses e anos, à medida que seu círculo amadurece, diretrizes estabelecidas anteriormente (e com mais rigidez) podem dar cada vez mais espaço para um fluxo espontâneo.

Antes de começar, use um momento para se reconectar com o coração: desacelere e recoloque-se no presente. Um jeito é parar, respirar e refletir de modo consciente sobre a energia que queremos cultivar. Uma exercício de visualização guiada recitada por um membro do grupo, uma canção ou um momento de silêncio podem nos lembrar da intenção de permanecer com empatia, compaixão, clareza, ou de fazer pedidos que demonstram respeito por *todos* os envolvidos, incluindo a si mesmo. Isso pode ajudar a dar o tom e a nos ater à energia do coração enquanto nos centramos em "nos preparar para fazer alguma coisa".

1   Decida a extensão da sessão de empatia. Você pode tentar 15 minutos de empatia com cinco minutos para processamento posterior.

2   Decida quantas sessões de empatia você gostaria de incluir na reunião de hoje. Se há mais membros que sessões, decida quando haverá novas sessões de empatia, de forma que todos tenham uma oportunidade de receber empatia.

3   Decida quem será o orador, isto é, aquele que começará a falar. Um membro que está vivenciando urgência em relação a uma situação dolorosa costuma se voluntariar. Ou então pode ser alguém que ainda não teve chance de ser orador.

EXERCÍCIOS DE COMUNICAÇÃO NÃO VIOLENTA

4 O orador é incentivado a falar sobre uma situação que não envolva ninguém no círculo e tenha a mínima probabilidade de desencadear dor em alguém presente.

5 Reafirme ao orador que ele ou ela terá todo o tempo ao seu dispor, e que quando os ouvintes interromperem, a intenção não será "tirar o palco" do orador, mas devolver o que ouviram e garantir que suas palavras foram recebidas com precisão.

6 O orador é incentivado a fazer pausas frequentes para dar aos ouvintes a oportunidade de refletir. Marshall B. Rosenberg sugere um limite de 40 palavras! A maioria de nós, especialmente quando sofremos, pode ultrapassar as 40 palavras, mas é útil lembrar de oferecer palavras em blocos menores se queremos que os ouvintes ouçam plenamente tudo que estamos dizendo.

7 Os oradores podem escolher praticar CNV ou se expressar da maneira habitual, confiando o trabalho de tradução para CNV aos ouvintes. O principal objetivo das sessões de empatia é oferecer prática em ouvir profundamente e verbalizar a empatia. Para essa prática, não incentive os oradores a se esforçarem para "falar em CNV". O papel dos ouvintes nessa atividade é ouvir, não treinar o orador para se expressar em CNV.

8 Decida quem vai assumir o papel de guardião do tempo.

9 Decida se você quer que uma pessoa seja o ouvinte ativo (que devolve o que ouviu) ou se o grupo todo participa, alternando-se para verbalizar empatia ao orador. Contar com o grupo todo significa que todos são participantes igualmente ativos; isso também pode oferecer ao orador uma oportunidade mais ampla de ser plenamente ouvido. No entanto, os oradores podem sentir distração, porque às vezes é difícil sustentar transições fluidas com pessoas diferentes se alternando para verbalizar empatia. Uma terceira alternativa é o ouvinte primário exercitar a escolha — cada

vez que o orador fizer pausas — de verbalizar a empatia ou passar a vez. Esse pequeno direcionamento adicional por parte de um ouvinte primário costuma ser suficiente para tornar o processo fluido o bastante para incluir a participação ativa de mais pessoas.

NOTA: Se mais de uma pessoa está oferecendo empatia ao orador, às vezes pode surgir no círculo um tom competitivo, com cada ouvinte tentando "entender certo" (supor com precisão os sentimentos e as necessidades do orador). Então, precisamos lembrar que empatia não tem a ver com precisão, mas com a qualidade da nossa atenção.

10. Guardião do tempo, comece a sessão com um silêncio de 30 segundos para permitir que o orador permaneça focado. Ouvintes, usem esse momento para se conectar com a intenção de estar plenamente presentes, ouvir com todo o seu ser.

11. Os ouvintes dão toda a atenção aos oradores e às palavras dele, enquanto percebem os sentimentos e as necessidades por trás das palavras. Seu objetivo é estar totalmente presentes, não "adivinhar" o que o orador está sentindo e necessitando, nem "entender certo".

12. Quando o orador faz uma pausa, o ouvinte devolve empatia verbal. Os ouvintes também podem interromper o orador a fim de repetir — especialmente se estão recebendo mais informação do que podem absorver de uma só vez, ou se não têm clareza sobre o que acabou de ser dito.

13. Ouvintes, tentem empatizar verbalmente, traduzir o que o orador está dizendo em observações, sentimentos, necessidades e pedidos. Devolvemos em tom de pergunta (não de afirmação): "É isso que está observando, sentindo, precisando e pedindo?" (Os oradores sempre têm a última palavra sobre o que viram [ouviram etc.], sentem, necessitam ou pedem.)

EXERCÍCIOS DE COMUNICAÇÃO NÃO VIOLENTA

Exemplo:

ORADOR: "Meu chefe está sempre me diminuindo..."

OUVINTE: "Então, você ouviu seu chefe dizer coisas sobre você, ou para você, que não atendem à sua necessidade de respeito?"

ORADOR: "É, ele diz coisas para mim, como ontem, ele disse... que eu não sei nem o que o colega que veio da agência de temporários sabe..."

OUVINTE: "Ao ouvi-lo dizer isso... você se sente chateado e quer algum reconhecimento... alguma apreciação pelo que tem feito no trabalho?"

ORADOR: *(continua)*

14 Ouvintes, ajudem o orador a se manter conectado aos sentimentos e às necessidades que ele está experimentando no momento presente, mesmo que descreva uma situação do passado.

Exemplo:

ORADOR: "Estou muito chateado com o meu chefe e os outros chefes de departamento por terem feito isso com a gente. É como quando eu era criança, lembro que meu pai fazia esses movimentos de surpresa conosco. Uma vez ele nos avisou dois dias antes de a van da mudança chegar que estávamos nos mudando para o Canadá! Sabe? Dois dias! E depois eu descobri que ele tinha assinado o contrato de trabalho já fazia seis meses!"

OUVINTE: "Então, quando se lembra de como o seu pai esperou para avisar vocês sobre a mudança, você ainda sente raiva e dor, porque quer que as suas necessidades sejam levadas em consideração a respeito de decisões que afetam a sua vida?"

NOTA: O ouvinte, no exemplo anterior, está devolvendo observação, sentimento e necessidade, mas não um pedido. Durante as sessões de empatia, evitamos focalizar na resolução de problemas, a menos (ou até) que o orador faça essa solicitação na rodada de encerramento.

15 Guardião do tempo, avise o círculo quando o tempo estiver quase terminando (por exemplo, "Temos mais três minutos"). Faça outro anúncio quando o tempo acabar. Se o orador estiver expressando sentimentos intensos, ou se você sentir que há muita dor não concluída no círculo, você (o guardião do tempo) pode perguntar se o orador gostaria de receber um minuto de empatia silenciosa, antes de o grupo passar ao encerramento da sessão de empatia. Nesse caso, todos permanecem inteiramente presentes com o orador (que não fala mais), enquanto continuam sentindo os sentimentos e as necessidades por trás do silêncio do orador. O guardião do tempo indica o fim de um minuto.

16 Termine a sessão de empatia com duas rodadas. Quando marcar uma sessão de empatia, planeje cinco minutos adicionais para as duas rodadas de encerramento.

a) O orador começa a primeira rodada fazendo qualquer pedido que ele ou ela possa ter para o grupo. Muitas vezes, quando nos permitimos ser vulneráveis, talvez queiramos saber depois como os outros se sentem em relação ao que compartilhamos. Ou o orador pode fazer um pedido ao grupo por conselhos, opiniões, informações etc. que abordem a questão que foi expressada. Avance no círculo para que cada pessoa tenha uma oportunidade de responder ao pedido do orador.

b) Encerre com uma segunda rodada na qual cada pessoa expressa *insights*, sentimentos etc. em relação ao processo que acabou de ser concluído, ou sobre o seu papel na sessão de empatia. Essa também pode ser uma oportunidade para oferecer apreciação um ao outro pelo aprendizado que recebemos e pelo que foi compartilhado conosco.

EXERCÍCIOS DE COMUNICAÇÃO NÃO VIOLENTA

K. Sugestões para estruturar um *role-play*

1 O participante A define a situação determinando:

a) o seu próprio papel: "Sou um empregado temporário em um laboratório de pesquisa";

b) o papel que quer que o participante B tenha: "Você é o meu supervisor imediato";

c) o tempo ou local do diálogo, se for relevante: "São 18h de uma sexta-feira, e estou pronto para sair do trabalho", e, depois:

d) dá ao participante B sua primeira fala (ou as duas primeiras falas): "Então o meu chefe me diz: 'Terminou o relatório? Eu gostaria de vê-lo concluído antes de começarmos a reunião na segunda-feira de manhã'";

PARTICIPANTE A: Oferece mais dados de histórico só se for crucial para a outra pessoa desempenhar o seu papel. Fornece a informação brevemente em uma ou duas frases. Evita descrever a situação, sua história ou como a experimentou. (Use o tempo de grupo praticando uma situação em vez de explicar uma situação.) Se durante o *role-play* o participante B não desempenhar o papel como você quer, dê uma dica: "Não, você não diria isso. Provavelmente diria 'xyz'";

2 Em geral, o participante A pratica falar e ouvir empaticamente, enquanto o participante B fala de um jeito habitual. No entanto, se o participante A sente muita dor em relação à situação, pode se perceber preso no *role-play*, incapaz de empatizar com o participante B.

Nesse caso, talvez seja útil primeiro encenar um cenário "irrealista" no qual o participante B, transformado em um comunicador de CNV, empatiza com o participante A. Quando o participante A se sente pronto para a troca (e pode não acontecer durante o *role-play*), começa de novo, dessa vez com o participante B fazendo o papel de maneira realista, usando um discurso habitual.

Outra opção é o participante A fazer o papel do supervisor que não fala em CNV, e ouvir como outra pessoa pode se representar como alguém fluente em CNV.

Pode ser útil estabelecer um tempo máximo para cada *role-play* e ter um guardião do tempo. Garanta que no final haja tempo para ambos, participante A e participante B, expressarem o que "funcionou" e "não funcionou", e o que eles aprenderam. Observadores de *role-play* também costumam ter *insights* a oferecer.

PARTE IV

Exercícios

Tarefas individuais, guia do facilitador e exemplos de respostas

Tarefas individuais, guia do facilitador e exemplos de respostas

Nota a praticantes individuais:
Você pode usar todas as revisões de leitura e seções de prática individual a seguir, bem como a maioria das atividades no guia do facilitador, sozinho, com pouca ou nenhuma modificação. Tenha o caderno ou computador à mão para registar suas respostas – sentimentos, necessidades e ideias – à medida que surgirem. Se precisar de ajuda para concluir as tarefas e atividades, procure o símbolo à esquerda, que é acompanhado de uma nota a praticantes individuais.

Praticantes individuais motivados a dedicar mais tempo e energia ao aprendizado dessa nova linguagem podem criar apoio adicional para si mesmos. Usando as quatro partes do processo, convide amigos que não conhecem a CNV para ajudar você a se manter no terreno de observações, sentimentos, necessidades e pedidos específicos. Dê aos amigos o jogo de Quick Cards (disponíveis em inglês no site cnvc.org), três cartas coloridas e laminadas que contêm: os quatro passos do processo de CNV, sentimentos quando as necessidades estão – e quando não estão – sendo atendidas, e necessidades básicas que todos nós temos. Essas ferramentas irão ajudá-los a interagir com você de maneiras que apoiem o seu aprendizado. Você pode abordar um amigo usando os quatro componentes do processo de CNV para se expressar: "Quando pratico CNV, eu me sinto empolgado porque sinto mais leveza (intimidade, significado, harmonia) nos relacionamentos com a minha família (amigos,

EXERCÍCIOS DE COMUNICAÇÃO NÃO VIOLENTA

colegas). Você teria interesse em ouvir como pode me ajudar a praticar?"

Outro exemplo para pedir o apoio de um amigo é: "Quando penso em como os relacionamentos com a minha família são (mais divertidos, mais significativos, mais fáceis para todos os envolvidos, transformados diante dos meus olhos etc.) quando pratico CNV, me sinto empolgado porque a minha necessidade de harmonia e previsibilidade é atendida com mais frequência do que antes. Queria saber se, depois de ouvir o que pode estar envolvido nisso, você poderia me dizer se me ajudar a praticar parece ser algo que gostaria de fazer".

Na medida em que você continua praticando com aqueles que aceitam ajudá-lo a aprender o processo, muitos vão descobrir valor para si mesmos em falar a partir do coração dessa maneira. Quando isso acontecer, analise as seções do livro de exercícios destinadas a ajudar você a criar um grupo de prática estruturado e convide seus amigos para fazer parte dele, usando essas sugestões da maneira como for confortável para você.

Até lá, continue estudando o livro de exercícios, que aborda questões que um indivíduo pode ter e são similares àquelas que um grupo pode encontrar. Muitas sugestões relativas à prática em grupo ao longo do livro de exercícios são igualmente aplicáveis a uma prática individual.

Ao usar este livro de exercícios por conta própria, você pode se sentir tentado a olhar o guia do facilitador e os exemplos de respostas antes de fazer suas tarefas. Fazer as tarefas sozinho antes de analisar as seções seguintes ajuda a tirar o máximo proveito dos seus esforços.

Exercícios para o capítulo:
Entregar-se de coração

Tarefas individuais

Revisão de leitura

1 O autor, Marshall B. Rosenberg, diz que a CNV evoluiu a partir de sua exploração de duas questões que o ocuparam desde a infância. Essas questões são:

2 "Comunicação não violenta" também é conhecida pelo título "_____", "CNV" ou, em alguns países, "linguagem da girafa". Algumas pessoas manifestaram desconforto com as palavras "não violenta" no título, porque não se percebem praticando discurso "violento". Como Marshall explica o uso das palavras "não violenta" em "comunicação não violenta?"

3 Qual é o propósito da CNV?

4 De que maneira ela difere de como nós costumamos nos comunicar?

5 A que Marshall se refere quando escreve que a CNV é "mais do que um processo ou uma linguagem"?

6 Cite as duas partes do processo de CNV.

7 Cite os quatro componentes do processo de CNV.

8 Mencione algumas áreas ou maneiras como a CNV pode ser usada em nossa vida ou em nossa sociedade.

Prática individual

Marshall B. Rosenberg conta a seguinte história para ilustrar a essência da comunicação não violenta:

"Quando esperava um ônibus no Terminal Rodoviário Greyhound em San Francisco, vi um cartaz na parede: 'Adolescentes: Não fa-

EXERCÍCIOS DE COMUNICAÇÃO NÃO VIOLENTA

lem com estranhos'. O propósito evidente do cartaz era alertar adolescentes em fuga para os perigos que esperavam por eles nas grandes cidades: cafetões, por exemplo, costumam assediar adolescentes sozinhas e amedrontadas em terminais rodoviários. Com simpatia ensaiada, oferecem amizade, comida, um lugar para ficar, talvez drogas. Em pouco tempo, as meninas caem na armadilha e são obrigadas a se prostituir para eles.

Fiquei enojado com esse lembrete de como os seres humanos podem ser predadores, mas quando entrei na área de espera me animei quase imediatamente. Lá eu vi um agricultor idoso, um migrante, com uma laranja no colo. Era tudo que restava do saco de papel pardo onde ele levava o almoço, que parecia ter acabado de comer. Do outro lado da sala, um bebê aninhado no colo da mãe olhava fixamente para a laranja do homem. Ao perceber o olhar da criança, o homem se levantou imediatamente e caminhou até ela. Ao se aproximar, olhou para a mãe do menino e, com um gesto, pediu permissão para dar a laranja a ele. A mãe sorriu. Logo antes de fazer contato com a criança, porém, o homem parou, segurou a laranja com as duas mãos e a beijou. Depois a entregou à criança.

Sentado ao lado do homem, eu disse a ele que estava emocionado com o que o vi fazer. Ele sorriu, aparentemente satisfeito com o reconhecimento de seu ato. 'Fiquei particularmente tocado com o beijo que você deu na laranja antes de entregá-la ao garoto', acrescentei. Ele ficou em silêncio por alguns momentos, com uma expressão franca, antes de finalmente responder: 'Nos meus 65 anos de vida, se tem uma coisa que aprendi é nunca dar nada, a menos que seja de coração'."

Conectar-se com a sua intenção

1 Encontre um lugar onde goste de estar e possa ficar pelo menos meia hora sem ser perturbado.

   a) Respire algumas vezes de maneira consciente para aquietar mente e corpo.

1. EXERCÍCIOS PARA O CAPÍTULO: ENTREGAR-SE DE CORAÇÃO

b) Preste atenção ao seu ambiente: o que você vê, ouve, cheira, sente nesse lugar?

c) Antes de dedicar a atenção às questões a seguir, verifique como está se sentindo e o que o seu corpo está experimentando. Você se sente agitado, entediado, tranquilo, melancólico...? Sente alguma tensão no rosto, nos ombros, nas costas, no dedinho do pé esquerdo...?

2 Lembre-se da história de Marshall sobre a laranja e veja se consegue recordar uma ocasião em sua vida que ilustre a alegria de entregar-se de coração — ou de receber um presente que foi dado de coração. "I never feel more given to/ than when you take from me/ [...] When you give to me,/ I give you my receiving./ When you take from me,/ I feel so given to"* (da canção "Given to" [Entregue], de Ruth Bebermeyer).

3 Pergunte a si mesmo: "O que me atrai para a prática de CNV? O que desejo profundamente na minha vida e neste mundo?" Apenas permaneça com esse desejo, essa necessidade, por alguns instantes.

4 Você se lembra de uma época na sua infância, ou no passado mais recente, na qual teve consciência dessas necessidades ou desejos? Que momentos ou partes de sua vida atual refletem a presença dessas necessidades?

> NOTA: Ao deixar a mente vagar, recordar, ruminar etc., pare de vez em quando para respirar de forma consciente e retornar ao corpo, mantendo-se conectado com as sensações físicas ou os sentimentos que aparecerem, antes de continuar com sua contemplação.

5 Esteja consciente quando surgir em sua mente a intenção de encerrar este exercício (antes de realmente deixar de lado

---

* "Nunca me sinto mais entregue/ do que quando recebes algo de mim/ [...] Quando te entregas a mim,/ eu te entrego meu recebimento./ Quando recebes de mim,/ eu me sinto muito entregue." [N. E.]

EXERCÍCIOS DE COMUNICAÇÃO NÃO VIOLENTA

este livro de exercícios, se levantar, sair do lugar etc.). Mais uma vez, pare por um instante e respire. Como está se sentindo neste momento? Tem consciência de alguma necessidade atendida ou não atendida? Permita-se um momento para notar o ambiente — o que você pode ver, ouvir, tocar, cheirar — antes de ir.

Ao longo desta semana, identifique:

1 Ocasiões em que esteja se entregando de coração. Lembre-se, isso não tem que ser uma "grande coisa". Estamos constantemente "dando" de nós mesmos e dos nossos recursos, seja oferecer uma palavra de incentivo para um colaborador, segurar a porta aberta para alguém ou contar uma piada ao filho impaciente enquanto espera na fila do supermercado. Descreva como se sente quando relembra a ocasião.

2 Uma ocasião em que esteja se entregando de outro lugar que não o coração. Descreva como se sente quando relembra esse acontecimento, sem julgar nem analisar a si mesmo ou o acontecimento. O que você gostaria que tivesse acontecido nessa ocasião?

Anote como respondeu aos exercícios anteriores e qualquer observação e aprendizado que tiver adquirido ao longo da semana.

NOTA: A maioria de nós prefere se ver como compassiva e generosa. Não gostamos de perceber os momentos em que nosso coração se fecha ou escondemos as mãos nos bolsos. Mas é notando repetidas vezes (sem julgar) os momentos em que tocamos nossas limitações que desenvolvemos compaixão e generosidade. Observe esses momentos em si mesmo com um olhar amoroso.

Guia do facilitador

A primeira tarefa nos dá uma oportunidade de compartilhar alguma coisa pessoalmente significativa e conhecer um ao outro. Calcule mais ou menos uma hora para a atividade 1, mas permita tempo suficiente para que todos os participantes compartilhem plenamente suas histórias sobre entregar-se de coração. Se ficarem sem tempo, pule a atividade 2.

Atividade 1: Entregar-se de coração

1. Peça que cada pessoa conte sua história. (Siga a vez pelo círculo e informe ao grupo quanto tempo planejou para essa parte. Incentive os ouvintes a prestarem total atenção aos oradores, reconhecendo que contar essas histórias pode exigir coragem e vulnerabilidade. Ao final de cada história, permita alguns instantes para que ela seja absorvida e para que o grupo reconheça o orador em silêncio, antes de passar à próxima pessoa. Desencoraje discussões ou comentários sobre as histórias das pessoas.)

> ◎ Use alguns minutos para pensar sobre a sua própria história, fazendo anotações que falem do que está vivo em você neste momento.

2. Convide pessoas a compartilharem como responderam ao restante da tarefa. Algumas pessoas gostam de ler o que escreveram, enquanto outras preferem compartilhar seus sentimentos sobre fazer os exercícios.

> ◎ Leia o que você escreveu em resposta ao exercício, e depois expresse em voz alta os seus sentimentos sobre fazer o exercício.

EXERCÍCIOS DE COMUNICAÇÃO NÃO VIOLENTA

3 Ao terminar esta seção, incentive o grupo a resumir de maneira coletiva o que foi aprendido sobre o tema "Entregar-se de coração". Antes de passar para a atividade 2, verifique se há outras questões sobre a tarefa 1 (incluindo a revisão de leitura).

> Identifique três coisas que você aprendeu sobre o tema "Entregar-se de coração" e registre suas respostas no caderno.

Atividade 2: Ver as necessidades que nos impedem de nos entregar de coração

Entregar-se de coração é uma das maiores alegrias que podemos experimentar e é um conceito fundamental na comunicação não violenta. Mas todos nós temos necessidades relacionadas ao nosso doar, que às vezes podem interferir no verdadeiro entregar-se de coração. Podemos aprender a identificar essas necessidades.

1 Ao se referir a qualquer história que foi compartilhada, na qual a entrega não foi de coração, pergunte: "Que necessidade naquele momento impediu você de fazer isso?" Referência: Em comunicação não violenta, presume-se que usar o nosso poder para contribuir para o bem-estar de outra pessoa é uma fonte da mais profunda alegria. Se não encontramos alegria nisso, então há outras necessidades presentes em nós que queremos atender. Em vez de rotularmos a nós mesmos (ou aos outros) como "egoístas", "sem consideração" etc., tomamos consciência de que as nossas escolhas de comportamento são sempre a serviço de necessidades específicas que estamos tentando atender. (Isso não implica que as nossas escolhas sejam sempre bem-sucedidas.)

1. EXERCÍCIOS PARA O CAPÍTULO: ENTREGAR-SE DE CORAÇÃO

> ◎ Relembre um caso específico no qual você fez alguma coisa de um jeito que não foi de coração. Tente identificar a verdadeira motivação por trás da ação. Ou lembre-se de uma vez em que lhe pediram alguma coisa e você não foi capaz de dar com generosidade. Tente identificar as necessidades que o impediram de entregar o que foi pedido. Se surgir qualquer autojulgamento durante o exercício, apenas note que teve esses pensamentos.

2   Convide aqueles que ainda não o fizeram a relatar uma ocasião em que não se entregaram (ou não se entregaram de coração) e identificar que necessidades os impediram de fazer isso. Se precisar, use o apêndice 3, "Lista de necessidades universais", como referência.

3   Para terminar esta parte, pergunte se alguém sente diferença quando sua relutância ou sua negativa em se entregar é entendida como uma escolha de preencher uma necessidade pessoal.

> ◎ Pense bem nisso e registre a sua resposta.

Exemplos de respostas para o guia do facilitador

Resposta para a atividade 2: Ver as necessidades que nos impedem de nos entregar de coração

Quando eu era criança, o meu pai me dizia: "Pegue uma xícara de chá para mim". Ele nunca perguntava o que eu estava fazendo no momento, ou se eu queria ir buscar chá para ele. Eu ouvia essas palavras como uma ordem e, por ter medo das consequências de uma desobediência, sempre atendia de má vontade e voltava carrancuda com o chá. Agora que ele morreu e eu escrevo isso, me sinto muito triste. Percebo que ele nunca recebeu de mim uma xícara de chá entregue de coração. O que me impediu de

EXERCÍCIOS DE COMUNICAÇÃO NÃO VIOLENTA

entregar de coração e com alegria foram as minhas necessidades de respeito e autonomia.

Descobri, é claro, que obediência contrariada não foi uma estratégia habilidosa que atendeu com sucesso à minha necessidade de autonomia ou respeito. Agora eu estou triste porque queria ter sabido como atender melhor às minhas necessidades de autonomia e respeito e, depois, ser capaz de gostar de entregar de coração uma xícara de chá, de um jeito que atendesse à minha necessidade de contribuir.

Nota: As respostas serão individualizadas e baseadas em experiência pessoal.

◎ Analise o exemplo de resposta, observando como é semelhante ou diferente da sua.

Exercícios para o capítulo: **A comunicação que bloqueia a compaixão**

Tarefas individuais

Revisão de leitura

1 Qual é o significado de "comunicação alienante da vida"?
2 Identifique algumas formas de comunicação alienante da vida e dê um exemplo de cada.
3 O autor acredita que nossas análises e julgamentos de outros seres humanos são expressões trágicas de _____.
4 Por que ele usa a palavra "trágica" para descrever esses jeitos de se expressar?
5 O que acontece quando as pessoas fazem o que queremos por medo, culpa ou vergonha?
6 Quando outras pessoas nos associam mentalmente com sentimentos de medo, culpa ou vergonha, o que é provável que aconteça no futuro?
7 Qual é a diferença entre juízos de valor e juízos morais?
8 Dê exemplos de como palavras ou frases em português (ou outro idioma) podem ocultar a consciência de responsabilidade pessoal e escolha.
9 O que é uma "exigência" conforme definição do autor?
10 Marshall escreveu que seus filhos ensinaram que ele não poderia obrigá-los a fazer nada. Explique o que ele quis dizer com isso.

Prática individual

1 Pense nas formas de comunicação alienante da vida como os "quatro tipos de desconexão"*:

---

* Em inglês, *the four D's of disconnection*: a. *diagnostic*; b. *denial of responsibility*; c. *demand*; d. *deserve*. [N. R. T.]

EXERCÍCIOS DE COMUNICAÇÃO NÃO VIOLENTA

a) diagnóstico, julgamento, análise, crítica, comparação
b) negação de responsabilidade
c) exigência
d) linguagem orientada ao "merecimento"

Ao longo desta semana, identifique um caso de cada categoria no seu próprio discurso, ou, se quiser, examine o seu passado. Escolha um momento em que tenha se comunicado com outra pessoa. Ou, se preferir, centre-se na conversa com você mesmo. Em vez de descrever a situação, anote as palavras exatas que usou.

2 Escreva um diálogo (de umas 6-8 linhas) entre duas pessoas que não está indo bem. Pode ser um diálogo entre você e outra pessoa em sua vida. Depois que terminar de escrever as linhas, releia tudo e determine se cada pessoa se comunicou usando um dos quatro tipos de desconexão.

3 Escolha um dia desta semana como o Dia de Alerta da Desconexão. Nesse dia, ouça com maior consciência como as pessoas no seu entorno estão se comunicando. Sempre que ouvir um tipo de desconexão, anote. Não se esqueça de incluir o que as pessoas dizem na TV, no rádio e em anúncios comerciais. Você pode incluir tanto palavras escritas quanto faladas.

4 O autor cita o romancista francês George Bernanos: "Os horrores que temos visto, os horrores ainda maiores que logo veremos, são sinal não de que o número de homens rebeldes, insubordinados e indomáveis esteja aumentando no mundo todo, e sim de que aumenta constantemente o número de homens obedientes e submissos". (Nota: Ele provavelmente se refere às mulheres também, embora mencione apenas homens.) Você concorda ou discorda? Pode dar exemplos?

5 Você vê como a comunicação alienante da vida beneficia sistemas sociopolíticos controlados por ditadores, reis e autocratas, ou corporações multinacionais?

2. EXERCÍCIOS PARA O CAPÍTULO: A COMUNICAÇÃO QUE BLOQUEIA A COMPAIXÃO

Guia do facilitador

Antes de começar as atividades, verifique se alguém tem um forte interesse em discutir os assuntos levantados nas questões 4 e 5 da prática individual. Se houver apenas interesse moderado, pule a atividade 3. A seguir, há mais atividades que podem ser abordadas em sua sessão, sem pressa. Reserve um bom tempo para a atividade 1. Limite o tempo dedicado às discussões, de forma que seja usado mais tempo na prática do que na discussão.

Atividade 1: Diálogo escrito

Se você tem um quadro branco ou uma grande folha de papel, transcreva o diálogo que escreveu na atividade 2 da prática individual para que seja lido por todo o círculo. (Faça isso antes da reunião.) Assuma o papel de uma pessoa no diálogo, peça a alguém que assuma o outro papel; leiam o diálogo juntos em voz alta. Peça ao grupo que identifique formas de comunicação alienante da vida no diálogo.

> ◎ Analise seu exemplo de diálogo e tente identificar nele algum dos quatro tipos de desconexão.

Quando terminar, volte e pergunte que necessidades não atendidas os oradores podem estar experimentando. (Use como referência para o exercício o apêndice 3, "Lista de necessidades universais".)

Verifique se alguém no grupo é capaz de trazer hipóteses das necessidades de ambas as partes nessa troca. Depois, leia o diálogo em voz alta de novo para que todos ouçam as mesmas palavras enquanto se conectam com as necessidades dos oradores. Veja se alguém nota alguma diferença entre a primeira e a segunda vez que ouviu o diálogo.

EXERCÍCIOS DE COMUNICAÇÃO NÃO VIOLENTA

> Faça isso com o seu próprio diálogo.

Peça àqueles que escreveram um diálogo que compartilhem o texto com um par e leiam, juntos, o diálogo em voz alta. O restante do grupo (incluindo o facilitador) vai se alternar para identificar as formas de expressão alienantes da vida que ouvir. Depois que tiver feito isso com todos os diálogos, volte e pense em hipóteses de quais podem ter sido as necessidades não atendidas dos vários oradores. Peça que encenem os diálogos de novo, tendo isso em mente.

> Peça a um amigo ou companheiro que escreva um exemplo de diálogo como no item 2 da prática individual. Analise-o, buscando necessidades não atendidas.

Atividade 2: Dia do Alerta da Desconexão

Pergunte como foi a semana e o que as pessoas notaram no Dia do Alerta da Desconexão. Faça uma rodada em que todos leem o que trouxeram ou relatam verbalmente suas experiências. Permita um fluxo livre de perguntas, percepções e discussão sobre comunicação alienante da vida — o que as pessoas observam sobre os próprios hábitos e a linguagem da nossa sociedade. No fim, peça ao grupo que resuma coletivamente o que foi aprendido.

Atividade 3: Análise das questões 4 e 5

Escolha uma ou ambas as questões 4 e 5 da prática individual como o ponto focal da discussão. A menos que haja um interesse apaixonado, limite a discussão a 15 minutos.

2. EXERCÍCIOS PARA O CAPÍTULO: A COMUNICAÇÃO QUE BLOQUEIA A COMPAIXÃO

Atividade 4: Identificação de mensagens alienantes da vida

A Primeiro, peça às pessoas que identifiquem as áreas ou comunidades em que são ativas ou com as quais se identificam. Por exemplo: educação, organizações sem fins lucrativos, paternidade/maternidade, meditação, prisões correcionais, CNV etc.

B Pergunte às pessoas se elas notam mensagens específicas que são predominantes nas áreas que mencionaram. Permita três minutos de silêncio para reflexão antes do compartilhamento no grupo. Exemplos da área de educação:
- os professores devem atribuir notas;
- os alunos que se comportam mal merecem ser punidos;
- você tem que frequentar a escola até os 16 anos;
- o sistema escolar é péssimo.

 Pense sobre isso e faça uma lista para a sua situação.

Exemplos de respostas para o guia do facilitador

Respostas para a atividade 4: Identificação de mensagens alienantes da vida

Exemplos de mensagens expressadas de maneira a ter menos probabilidade de inspirar cooperação compassiva em diferentes áreas:

Educação
Linguagem de exigência: "Você tem que frequentar a escola até os 17 anos."
Sem exigência: "Gostaríamos que você frequentasse a escola até os 17 anos porque valorizamos uma educação sólida."

EXERCÍCIOS DE COMUNICAÇÃO NÃO VIOLENTA

Instituições correcionais

Linguagem orientada para o merecimento: "Pessoas que ferem outras merecem ser punidas."

Sem orientação para o merecimento: "Gostaria de ver pessoas que ferem outras terem uma oportunidade de reparar o mal que causaram, porque valorizo a cura e a restauração da confiança."

Comunidade de CNV

Diagnóstico, julgamento, crítica: "Você não está falando em CNV."

Sem diagnóstico e crítica: "Gostaria que você expressasse para mim seus sentimentos e suas necessidades em relação a essa situação, porque valorizo honestidade e conexão."

Saúde

Negação de responsabilidade, diagnóstico: "O médico sabe o que faz."

Sem negação de responsabilidade: "Pedimos esse exame porque esperávamos ter alguns resultados definitivos."

Sem diagnóstico: "Gostaria de ter a sua confiança em meu julgamento sobre essa questão."

Paternidade/Maternidade

Linguagem de exigência: "Os adultos têm que ensinar às crianças como se comportar em público."

Sem exigência: "Desejo muito que os adultos ensinem às crianças como se comportar para garantir a segurança e a tranquilidade do espaço público."

Meditação

Negação de responsabilidade: "Eles me fizeram ficar lá sentado sem me mexer durante uma hora."

Sem negação de responsabilidade: "Escolhi ficar lá sentado sem me mexer durante uma hora, porque queria experimentar as instruções do professor."

Exercícios para o capítulo: Observar sem avaliar

Tarefas individuais

Revisão de leitura

1. Nos versos citados no início deste capítulo, o autor pede aos ouvintes que não misturem duas coisas. Quais são as duas coisas que ele quer que sejam claramente separadas quando o estão ouvindo?
2. Qual é o motivo para separar essas duas coisas?
3. Explique a diferença entre "linguagem estática" e "linguagem dinâmica"?
4. Marshall prefere evitar até os rótulos positivos ou neutros para as pessoas, por exemplo: "uma criança responsável", "um cozinheiro", "uma loira bonita". Por quê?
5. Quais foram algumas das avaliações que a equipe fez do diretor da escola? Qual era a observação específica que eles fizeram do diretor?
6. As palavras "sempre" e "nunca" expressam observações ou observações misturadas com avaliação?
7. Qual é o primeiro componente da CNV?

Prática individual

1. Escreva três observações sobre você. Escreva três avaliações sobre você.
2. Dê um exemplo ilustrando a diferença entre "linguagem estática" e "linguagem dinâmica".
3. Veja, no fim do capítulo, a tabela que relaciona sete formas de comunicação. Crie um exemplo para cada forma, começando por uma observação que seja misturada com avaliação, seguida de uma observação isenta de avaliação.

EXERCÍCIOS DE COMUNICAÇÃO NÃO VIOLENTA

4 Dê um exemplo em que as palavras a seguir expressem uma observação. Dê outro exemplo em que expressem uma observação misturada com avaliação:

a) "nunca"
b) "sempre"
c) "toda vez que"
d) "constantemente"
e) "ninguém"

5 Da próxima vez que estiver esperando numa fila, em um ônibus ou no meio de muitas pessoas, dedique cinco minutos a olhar para as pessoas à sua volta. Que pensamentos você descobre em sua cabeça? Se tiver oportunidade, anote esses pensamentos e examine-os. São observações? Avaliações? Qual é a proporção de pensamentos que são apenas observações, em relação aos que são misturados com avaliação?

Guia do facilitador

Explique ao grupo que você tem uma série de exercícios, e que talvez não haja tempo para abordar todas as partes da tarefa que eles fizeram durante a semana. Pergunte se alguém tem alguma coisa especialmente importante que queira abordar esse dia.

Atividade 1: Observação ou avaliação?

Conduza o exercício "Observação ou avaliação" que se encontra no livro, ou no fim do capítulo (exercício 1), ou no fim do livro (prática 1). (A localização depende da edição do livro que você está usando.) Decida quais são as respostas do seu grupo, depois as compare com as de Marshall.

(Nota: Se muita gente no seu círculo fez isso sozinho anteriormente, use a atividade alternativa a seguir.)

3. EXERCÍCIOS PARA O CAPÍTULO: OBSERVAR SEM AVALIAR

Atividade alternativa 1: Observação ou avaliação?

Para as seguintes afirmações, você considera que o orador faz uma observação isenta de avaliação? Se não, dê um exemplo de uma afirmação isenta de avaliação que se adeque à situação.

1 "Uma das melhores maneiras de aprender CNV é simplesmente praticar, praticar, praticar."
2 "O chefe está procrastinando em relação a essa decisão."
3 "Você mentiu para mim sobre suas notas."
4 "Meu marido praticamente não expressa afeto."
5 "É a quarta vez esta semana que você está discutindo comigo."
6 "Marshall disse que o único jeito de aprender CNV é praticar, praticar, praticar."
7 "Eles debocharam porque eu servi pés de porco no jantar."
8 "Você dirigiu o carro sem antes pedir a minha permissão."
9 "Eles estão destruindo o meio ambiente."
10 "O médico se recusa a me explicar qualquer coisa."

> ◎ Faça o exercício anterior e o exercício do livro por conta própria.

Atividade 2: Observação

Reserve um momento de silêncio para que todos olhem ao redor. Depois, peça que cada pessoa faça uma observação carregada de avaliação, como: "As pessoas parecem cansadas" ou "Esta sala é aconchegante". Diga a ela que escolha outra pessoa para fazer uma observação isenta de avaliação do mesmo estímulo. (Para "As pessoas parecem cansadas", a observação poderia ser: "Vi três pessoas bocejando durante o exercício e outra esfregando os olhos".)

EXERCÍCIOS DE COMUNICAÇÃO NÃO VIOLENTA

> ◎ Faça duas observações carregadas de avaliação sobre o seu ambiente atual e, então, reformule-as como observações isentas de avaliação.

Atividade 3: Discussão

Cada um descreve como respondeu ao último item da tarefa (prática individual 5). Peça ao grupo que discuta o que cada um aprendeu sobre observações e avaliações, incluindo por que estamos praticando separar observações de avaliações.

> ◎ Anote os seus pensamentos sobre o valor de praticar separar observações de avaliações.

Atividade 4: Análise da tarefa

Se houver tempo, compartilhe as respostas dadas para as outras partes da tarefa. Caso contrário, pergunte se alguém tem dúvidas em relação a alguma outra parte da tarefa (incluindo a revisão de leitura).

Exemplos de respostas para o guia do facilitador

Respostas para a atividade alternativa 1: Observação ou avaliação?

Use exemplos de observações isentas de avaliação para substituir observações carregadas de avaliação:

NOTA: Os exemplos a seguir não são de CNV, apenas do componente observação.

3. EXERCÍCIOS PARA O CAPÍTULO: OBSERVAR SEM AVALIAR

1 "Todas as pessoas no meu grupo de prática dizem que uma das melhores maneiras de aprender CNV é simplesmente praticar, praticar, praticar."

2 "A chefe nos disse que anunciaria a decisão na semana passada, mas ainda não ouvimos nada."

3 "Ouvi você dizer que tinha passado em todas as matérias, mas neste boletim tem duas reprovações."

4 "Meu marido passou duas semanas sem me beijar."

5 "Esta é a quarta vez nesta semana que você diz discordar de alguma coisa que eu estou falando."

6 Se o orador realmente ouviu Marshall dizer que "A única maneira de aprender CNV é praticar, praticar, praticar", ele está repetindo o que ouviu sem acrescentar nenhuma avaliação.

7 "Quando eu servi pés de porco no jantar, ouvi risadas e alguém dizendo: 'Onde estão os cortadores de unhas quando precisamos deles?'"

8 Se ambas as partes (por exemplo, pai e adolescente em uma família) estão claramente de acordo em relação ao que constitui "pedir permissão primeiro", eu consideraria que o orador está fazendo uma observação isenta de avaliação.

9 "Eles desmataram 90 por cento desse território, e ainda continuam."

10 "O médico não me disse nada sobre o que causa a dor e o que pode ser feito."

> ◎ Analise os exemplos de respostas, observando como são parecidas ou diferentes das suas. O que você nota sobre essas diferenças? Como modificaria as suas respostas depois dessa análise?

Exercícios para o capítulo:
Identificação e expressão de sentimentos

4

Tarefas individuais

Revisão de leitura

1 A que se refere Rollo May quando fala em "sinfonia" e "toque de clarim"?
2 De acordo com Marshall, qual é o foco da educação americana para ensinar aos alunos?
3 De acordo com Marshall, por que as pessoas em certas carreiras têm ainda mais dificuldade do que as de outras para identificar e expressar sentimentos?
4 Que problemas uma mulher pode encontrar se "expressar sentimentos" dizendo ao marido: "Sinto como se estivesse casada com uma parede"?
5 Quais são as vantagens de expressar os nossos sentimentos?
6 Verdadeiro ou falso: estamos expressando um sentimento sempre que começamos uma frase com as palavras "Eu sinto". Explique sua resposta.
7 Por que Marshall sugere que identifiquemos emoções específicas em vez de contar com expressões como "eu me sinto bem" e "eu me sinto mal"?

Prática individual

1 O que você está sentindo agora?
2 Como você sabe o que está sentindo em dado momento? Onde vai olhar?
3 Sob o subtítulo "Sentimentos *versus* não sentimentos", nesse capítulo, há exemplos de palavras que tendem a descrever:

EXERCÍCIOS DE COMUNICAÇÃO NÃO VIOLENTA

a) o que pensamos ser (por exemplo, "Eu me sinto inadequado");
b) como pensamos que os outros nos avaliam (por exemplo, "Eu me sinto desimportante");
c) como pensamos que os outros estão se comportando em relação a nós ou perto de nós (por exemplo, "Eu me sinto incompreendido. Eu me sinto ignorado").

Pense em outras cinco palavras que você poderia usar e se enquadram nessas categorias.

4   Como você se sente na presença de alguém que não expressa sentimentos?

5   Dizem que, com exceção da tristeza profunda, nenhum sentimento dura mais do que alguns segundos ou minutos, no máximo. (É claro, o sentimento pode voltar depois de um momento — dependendo de que novos pensamentos ou circunstâncias apareçam.) O que você pensa disso? Na próxima semana, escreva o que perceber em uma situação na qual observa com atenção e monitora um sentimento específico que estiver experimentando.

6   Imagine ter a opção de nascer com ou sem sentimentos. Explique o que escolheria e por quê.

7   Dê três exemplos nos quais você poderia usar a expressão "eu sinto", mas na verdade está expressando um pensamento, não um sentimento.

8   Comece seu inventário pessoal de sentimentos.

a) Imagine todo tipo de situações nas quais a vida esteja acontecendo exatamente como você queria que fosse. Em uma folha de papel, escreva todos os sentimentos que poderia experimentar nessas situações.
b) Agora, imagine os tipos de situações nas quais suas necessidades não são atendidas, e relacione os sentimentos em outra folha de papel.
c) Ao longo da leitura deste livro, desafie-se a acrescentar cada vez mais itens a essas listas, enquanto constrói sua orquestra sinfônica de sentimentos.

4. EXERCÍCIOS PARA O CAPÍTULO: IDENTIFICAÇÃO E EXPRESSÃO DE SENTIMENTOS

Guia do facilitador

Lembre-se de que este guia foi criado para servir a você, a pessoa que se ofereceu para assumir a responsabilidade de liderar a próxima sessão. Use apenas as partes que apoiam o seu plano para uma sessão proveitosa e alegre.

Atividade 1: Notar sentimentos

Explique que o propósito desta atividade é nos ajudar a notar os sentimentos no momento e ver como eles mudam de um momento para outro. Ao longo do encontro, cada pessoa dará ao grupo um sinal que significa: "Pare. Feche os olhos. Vá para dentro de si e encontre o seu sentimento". Cada pessoa decidirá quando dar esse sinal, levantando-se de repente no meio do círculo sem dizer nada. A pessoa não precisa dar o sinal para falar, e pode se sentar novamente depois de notar que ele foi recebido por todos.

> ◎ Dedique um momento ao "Pare. Feche os olhos. Vá para dentro de si e encontre o seu sentimento".

Fazendo um minuto de silêncio, cada pessoa olha para dentro de si e pergunta: "O que eu sinto agora?... E agora?... E agora?..." Para o facilitador, pode ser útil ter um cronômetro para marcar um minuto, assim ele pode participar sem ter que se interromper para consultar o relógio. Ao fim do minuto, o facilitador convida cada pessoa a nomear o(s) sentimento(s) que notou e compartilhar as observações que fez durante esse tempo.

> ◎ Programe um cronômetro ou alarme para tocar a cada 15 minutos durante uma hora, enquanto você se dedica a uma atividade. O que estava sentindo no momento em que o alarme tocou? Observe com atenção e registre os seus sentimentos.

EXERCÍCIOS DE COMUNICAÇÃO NÃO VIOLENTA

NOTA: Mencione que os sinais do cronômetro podem ser experimentados como interrupções, especialmente por aqueles que estiverem falando no momento em que ele chega. Portanto, pode haver sentimentos de irritação, frustração etc. Peça a todos que notem esses sentimentos e qualquer pensamento que os acompanhem. Se compartilharem por que sentiram determinado sentimento, lembre-lhes de tentar reconhecer a necessidade subjacente. Por exemplo, em vez de "eu me sinto irritado porque fui interrompido", pode-se dizer "eu me sinto irritado porque, justamente quando o sinal tocou, queria transmitir uma ideia empolgante — minha necessidade era contribuir".

> Note as interrupções que sentir, além do toque do alarme. Tente identificar se você tem sentimentos diferentes em relação a essas interrupções não planejadas e que necessidades estão associadas a esses sentimentos.

Depois que a rodada for concluída, o facilitador redirecionará a atenção à pessoa que estava falando antes do silêncio. Durante esta sessão, pode ser útil que todos tenham suas listas de "necessidades e sentimentos" à mão. (Ver apêndices 2 e 3.)

Atividade 2: Expressar sentimentos

Lidere o exercício "Expressão de sentimentos", que é encontrado no livro, ou no fim do capítulo (exercício 2), ou no fim do livro (prática 2). Depois de concluí-lo, compare as respostas do grupo com as de Marshall.

NOTA: Se no seu grupo muitas pessoas já fizeram esse exercício por conta própria, use a atividade alternativa a seguir.

4. EXERCÍCIOS PARA O CAPÍTULO: IDENTIFICAÇÃO E EXPRESSÃO DE SENTIMENTOS

 Tente fazer as duas atividades por conta própria. Registre suas respostas em seu caderno.

Atividade alternativa 2: Expressar sentimentos

Em cada uma das afirmações a seguir, você vê o orador expressando seus sentimentos? Se não, altere a frase até isso acontecer.

1 "Eu me sinto ignorado quando ninguém no trabalho responde às minhas sugestões."
2 "Parece completamente incompreensível como você pode fazer uma coisa assim."
3 "Eu também ficaria furioso se isso acontecesse comigo."
4 "Você está me esgotando."
5 "Eu me sinto independente agora que tenho o meu próprio carro e um salário."
6 "Estou impressionado de ver a foto dela na primeira página."
7 "Sinto que você está me irritando de propósito."
8 "Eu me sinto deslocado com a chegada de toda essa nova tecnologia."
9 "Sinto que estou sendo ríspido com eles."
10 "Estou sentindo como deve ser decepcionante para ela ver a casa toda vazia agora."

Atividade 3: Análise da prática individual

Analise as questões da prática individual. Peça aos membros que escolham os trechos que mais desejem abordar, já que pode faltar tempo para a tarefa inteira. Estabeleça limites de tempo para as discussões de 2, 4, 5 e 6.

EXERCÍCIOS DE COMUNICAÇÃO NÃO VIOLENTA

Exemplos de respostas para o guia do facilitador

Respostas para a atividade alternativa 2:
Expressar sentimentos

NOTA: Os exemplos a seguir não são de CNV, mas só do componente sentimento.

1. "Eu me sinto *ansioso* quando ninguém no trabalho responde às minhas sugestões."
2. "Eu me sinto muito *intrigado* em relação a como você pode fazer uma coisa assim."
3. "Eu me sinto *preocupado* por isso ter acontecido com você. Teria ficado furioso, se fosse comigo."
4. "Eu me sinto *exausto*."
5. "Eu me sinto *satisfeito* e *orgulhoso* por ter o meu próprio carro e um salário."
6. "*Impressionado*" expressa um sentimento.
7. "Estou *chateado* porque acho que você está me irritando de propósito."
8. "Eu me sinto *preocupado* e *desanimado* com a chegada de toda essa nova tecnologia."
9. "Sinto *arrependimento* em relação a como estou me comportando com eles."
10. "Estou me sentindo *triste* por como ela deve estar decepcionada de ver a casa toda vazia agora."

> Analise os exemplos de respostas anteriores. Como são semelhantes ou diferentes das suas? Analise a lista de palavras ("abandonado", "manipulado" etc.) em "Sentimentos *versus* não sentimentos" no capítulo do livro de Marshall, para confirmar se escolheu palavras que expressam sentimentos, em vez de pensamentos sobre como os outros estão se comportando com você.

Exercícios para o capítulo: Responsabilizar-se pelos sentimentos

Tarefas individuais

Revisão de leitura

1. Qual é a diferença entre "estímulo" e "causa"?
2. O que "causa" um sentimento específico em nós?
3. Quais são as quatro opções ao ouvir uma mensagem difícil?
4. Como podemos falar de um jeito que reconheça a responsabilidade pelos nossos sentimentos?
5. Qual é o mecanismo básico por trás da indução de culpa (levar alguém a fazer alguma coisa motivado pela culpa)?
6. Qual frase Marshall sugere que seja usada como um meio de elevar a consciência da responsabilidade pelo que sentimos?
7. Em vez de dizer diretamente o que necessitamos, como costumamos comunicar aos outros quando queremos alguma coisa? Que tipo de reação é provável que provoquemos fazendo isso?
8. Como podemos facilitar às outras pessoas para que respondam com compaixão ao que queremos ou estamos pedindo?
9. Por que expressar necessidades pode ser particularmente difícil ou doloroso para as mulheres?
10. Quais são as possíveis consequências de não expressar as nossas necessidades?
11. Defina cada um dos três estágios de desenvolvimento emocional mencionados neste capítulo.

Prática individual

1. Escreva o seguinte:
   a) faça uma breve descrição de uma situação em que você experimentou um sentimento distinto;

EXERCÍCIOS DE COMUNICAÇÃO NÃO VIOLENTA

b) nomeie o sentimento;

c) identifique o estímulo; e

d) identifique a causa do sentimento.

2 Na situação que você descreveu no item 1, dê um exemplo de como poderia responder usando cada uma das quatro opções disponíveis quando recebemos uma mensagem difícil de ouvir.

3 Dê um exemplo de como usar a culpa para motivar alguém, e explique como isso poderia funcionar.

4 Explique a diferença entre "assumir responsabilidade" pelos sentimentos de outra pessoa e "cuidar com compaixão" dessa pessoa.

5 Dê um exemplo de cada um dos padrões de discurso comuns que tendem a encobrir a responsabilidade pelos próprios sentimentos:

a) uso de pronomes impessoais;

b) afirmações que mencionam apenas ações de outras pessoas;

c) uso da frase "eu me sinto (um sentimento) porque..." seguida de uma pessoa ou um pronome pessoal que não seja "eu".

6 Modifique cada exemplo que deu no item 5 usando a frase: "Eu sinto... porque eu..."

7 Identifique uma situação específica na sua própria vida na qual não foi atendida a sua necessidade de:

a) autonomia;

b) celebração;

c) integridade;

d) compreender os outros;

e) ser compreendido pelos outros;

f) comunidade;

g) paz.

8 Embora os três estágios de desenvolvimento emocional sejam descritos como uma progressão linear, muitas pessoas podem se sentir indo e voltando, enquanto continuam au-

5. EXERCÍCIOS PARA O CAPÍTULO: RESPONSABILIZAR-SE PELOS SENTIMENTOS

mentando a consciência e a maturidade emocional. Você consegue se lembrar de situações em sua vida que ilustram cada um dos três estágios?

Guia do facilitador

Atividade 1: Quatro opções ao ouvir uma mensagem negativa

Essa atividade requer cinco participantes. Uma pessoa criará uma declaração "difícil de ouvir", como: "É realmente inaceitável a maneira como você impõe constantemente os seus pontos de vista a todo mundo!" Ela fará essa afirmação com sentimento, repetindo-a para cada um dos outros quatro participantes.

Cada um dos outros quatro escolhe uma opção diferente para ouvir a mensagem. Cada um expressa em voz alta um pensamento que reflete a opção particular que escolheu.

Exemplo:

- Opção 1: Uma pessoa que ouve culpa e se culpa pode expressar em voz alta o seguinte pensamento para o grupo: "Ah, puxa, eu sou tão controlador! Estou agindo como a minha mãe. Não é à toa que as pessoas me acham grosseiro".
- Opção 2: Uma pessoa que ouve culpa e culpa o orador pode ter o seguinte pensamento: "Ah, sim, se o idiota se desse o trabalho de ouvir, perceberia que todas as outras pessoas na sala concordam comigo!"
- Opção 3: Uma pessoa que presta atenção nos próprios sentimentos e necessidades pode expressar o seguinte: "(Suspiro...) Eu me sinto triste porque gostaria de mais compreensão para como estou tentando ajudar aqui".
- Opção 4: Uma pessoa que presta atenção nos sentimentos e nas necessidades do orador poderia ter o seguinte pensamen-

EXERCÍCIOS DE COMUNICAÇÃO NÃO VIOLENTA

to: "Humm... Eu me pergunto se ele está irritado porque quer que o ponto de vista de todos seja ouvido e considerado..."

Depois que as cinco pessoas completaram a primeira rodada, reveze os papéis. Se for necessário, ajuste essa atividade para acomodar grupos maiores ou menores. O ideal é que cada participante tenha uma oportunidade de praticar cada um dos cinco papéis.

NOTA: Para essa atividade, é útil criar um conjunto de cinco cartões grandes, com as seguintes palavras em cada um deles:

- (1º cartão) Mensagem difícil de ouvir;
- (2º cartão) Opção 1: Ouve culpa e se culpa;
- (3º cartão) Opção 2: Ouve culpa e culpa os outros;
- (4º cartão) Opção 3: Percebe os próprios sentimentos e necessidades;
- (5º cartão) Opção 4: Percebe os sentimentos e as necessidades dos outros.

Dê um para cada um dos cinco participantes, e troque os cartões no fim de cada rodada.

Tente fazer o exercício por conta própria, criando a sua própria declaração e as quatro respostas alternativas. Registre-as no caderno.

Atividade 2: "Qual é a minha necessidade aqui?"

A Oriente o grupo neste exercício, com todos se revezando para ler um item em voz alta e identificar as possíveis necessidades. Comece pela pergunta: "Qual poderia ser a minha necessidade se eu tivesse o seguinte pensamento na cabeça durante uma reunião?"

5. EXERCÍCIOS PARA O CAPÍTULO: RESPONSABILIZAR-SE PELOS SENTIMENTOS

1. "Ela é irresponsável: todos nós concordamos que alguém seria avisado em caso de não comparecimento."
2. "Todo mundo aqui sabe mais sobre CNV do que eu."
3. "Isso que ele acabou de dizer é totalmente irresponsável!"
4. "Ela sempre demora mais do que todo mundo."
5. "Pessoas que precisam de terapia deveriam buscar ajuda profissional. Não conseguimos lidar com esse tipo de disfuncionalidade aqui!"
6. "Isso é chato."
7. "Deveria haver uma regra contra o uso de linguagem sexista ofensiva em um grupo como este."
8. "Espero que a minha voz não comece a tremer."
9. "Lá vai ele de novo... Queria que alguém o fizesse calar a boca!"
10. "Espere até a semana que vem, quando será a minha vez de ser facilitador: vou interrompê-la exatamente como ela acabou de me esmagar. Vamos ver se ela vai gostar!"
11. "Este grupo é muito frio e rígido."
12. "Essa é a terceira vez que ele atrapalha a abertura do nosso círculo chegando atrasado."
13. "Toda essa conversa séria me deixa maluco."
14. "Eu não suporto essa doçura toda. Eles não percebem que CNV não tem a ver com ser simpático?"
15. "Oi, oi, deveríamos falar em CNV em um grupo de prática de CNV, isso, dã!"
16. "Detesto quando as pessoas não se preparam para essas reuniões e simplesmente esperam quem fez o dever de casa fornecer as respostas."

◎ Tente fazer o exercício por conta própria. Registre suas respostas no caderno.

EXERCÍCIOS DE COMUNICAÇÃO NÃO VIOLENTA

B Agora, diga às pessoas que se revezem traduzindo cada declaração em uma possível observação, uma necessidade e um sentimento. Exemplo 1: "Ela é irresponsável: todos nós concordamos que alguém seria avisado em caso de não comparecimento". Tradução: "Quando fico sabendo que ninguém do grupo recebeu um telefonema dela, eu me sinto desanimado, porque quero contar com todos cumprindo os acordos que fizemos". (Necessidades universais: confiabilidade, confiança, integridade.)

> Assista a um programa de televisão ou um filme e tente identificar as necessidades dos personagens quando eles fazem declarações como essas. Registre suas respostas no caderno.

Exemplos de respostas para o guia do facilitador

Respostas para a atividade 2A: "Qual é minha necessidade aqui?"

1. confiabilidade, respeito, consideração
2. competência, aceitação, respeito
3. compreensão, empatia, honestidade
4. mutualidade, consideração, eficiência
5. segurança, integridade, competência
6. estimulação, propósito, desafio
7. respeito, comunidade, apoio
8. aceitação, competência, eficácia
9. consideração, conexão, estimulação
10. empatia, apreciação, apoio
11. inclusão, afeto, comunidade
12. cooperação, respeito, ordem
13. conexão, significado, autenticidade
14. autenticidade, conexão, compreensão

5. EXERCÍCIOS PARA O CAPÍTULO: RESPONSABILIZAR-SE PELOS SENTIMENTOS

15 cooperação, confiabilidade, conexão

16 mutualidade, apreciação, apoio

> Analise os exemplos de respostas, observando como são semelhantes às suas ou diferentes delas. O que você nota em relação a essas diferenças? Como modificaria as suas respostas depois de analisar estas?

Respostas para a atividade 2B: Traduzir

1 "Quando fico sabendo que ninguém do grupo recebeu um telefonema dela, eu me sinto desanimado, porque quero contar com todos cumprindo os acordos que fizemos."

2 "Quando vejo todos vocês expressando necessidades tão rapidamente, eu me sinto ansioso, porque quero ser mais competente. Também me sinto nervoso, porque estou torcendo para ser aceito neste grupo."

3 "Quando o escuto dizer que não é responsável pelo que aconteceu, eu me sinto irritado, porque gostaria de ser mais bem compreendido e receber alguma empatia."

4 "Quando lembro quanto tempo ela demorou para responder à última questão, eu me sinto impaciente, porque gostaria de usar o tempo do grupo de um jeito mais eficiente."

5 "Depois de assistir à última interação, eu me sinto muito preocupado, porque quero que as necessidades emocionais das pessoas sejam bem atendidas, e não estou confiante de que tenhamos as competências para fazer isso aqui."

6 "Quando ouço o treinador explicando o processo, eu me sinto entediado, porque preciso aprender algo novo."

7 "Quando ouço palavras como essas usadas neste grupo, eu me sinto machucado, porque valorizo o respeito e gostaria de mais consideração em relação a como alguns de nós podemos ser atingidos ao ouvir essas expressões."

EXERCÍCIOS DE COMUNICAÇÃO NÃO VIOLENTA

8 "Quando lembro que a minha voz às vezes treme quando fico nervoso, eu me sinto ainda mais nervoso, porque quero ser capaz de me comunicar de maneira eficiente e ser entendido."

9 "Quando o vejo abrir a boca de novo, eu me sinto irritado, porque quero que haja oportunidade igual para que todos falem."

10 "Quando lembro como a facilitadora começou a falar antes mesmo de eu ter terminado a minha frase, me sinto magoado e desapontado. Valorizo ser plenamente recebido e quero acreditar que este é um espaço onde há inclusão e respeito pela contribuição de todos."

11 "Quando não vejo ninguém cumprimentando as pessoas novas, eu me sinto desconfortável, porque valorizo um espaço acolhedor e inclusivo."

12 "Quando o vejo chegar atrasado pela terceira vez durante a abertura do círculo, eu me sinto irritado, porque gostaria de ver mais consideração em relação a como isso afeta a fluidez do que estamos fazendo."

13 "Quando ouço o que você está dizendo, eu me sinto confuso e exausto, porque estou esperando que haja entre nós conexão e compreensão de coração para coração."

14 "Quando ouço as dezenas de elogios, cumprimentos e julgamentos positivos ao longo da noite, eu me sinto irritado, porque busco conexão autêntica."

15 "Quando ouço tantas avaliações na nossa conversa, eu me sinto preocupado, porque quero que usemos o nosso tempo de forma objetiva, praticando CNV e nos relacionando com honestidade e empatia."

16 "Quando vejo as mesmas três pessoas fazendo o dever de casa, eu me sinto contrariado, porque quero participação igual e compartilhamento do trabalho."

Analise os exemplos de respostas, observando como são semelhantes às suas ou diferentes delas. Você reconhece

5. EXERCÍCIOS PARA O CAPÍTULO: RESPONSABILIZAR-SE PELOS SENTIMENTOS

casos em que as palavras para sentimentos e necessidades usadas nos exemplos se adequam mais àquelas do livro do que as que você escolheu? O que você percebe sobre essas diferenças? Quando notar essas diferenças, escreva como se sente em relação a ter respostas diferentes daquelas dadas aqui e quais necessidades surgem disso.

Exercícios para o capítulo: **Pedir o que enriquece a vida**

Tarefas individuais

Revisão de leitura

1. O que constitui um "pedido" em CNV? Qual é seu objetivo? Como nós o expressamos? Como ele difere de uma exigência? Como podemos "testar" se é uma exigência ou um pedido?
2. O que provavelmente acontece quando:
    a) expressamos pedidos em linguagem vaga e abstrata?
    b) expressamos o que queremos apenas declarando os nossos sentimentos?
3. Por que às vezes nós ouvimos uma exigência mesmo quando o orador está fazendo um pedido?
4. O autor acredita que, sempre que falamos com alguém, estamos pedindo alguma coisa em troca. Cite três coisas que podemos querer em troca.
5. Qual é a razão para pedir a alguém que repita o que acabamos de lhe dizer?
6. O que podemos fazer se a outra pessoa fica chateada quando pedimos que repita?
7. Quando se fala em um grupo, por que é importante ser específico sobre o que queremos de volta?
8. Por que Marshall menciona o costume índio de dizer "bâs"?
9. Qual é o objetivo de usar CNV? Existem situações para as quais a CNV não é apropriada?
10. Cite algumas palavras comuns que expressam exigências (ou são associadas a elas).

EXERCÍCIOS DE COMUNICAÇÃO NÃO VIOLENTA

Prática individual

1 Relembre uma interação com alguém que não satisfez você. Mencione um ou vários pedidos que você fez ou poderia ter feito nessa situação usando linguagem de ação positiva.

2 Para a mesma situação do item 1, escreva como diria à outra pessoa sua observação, seu sentimento e sua necessidade. Depois prossiga com:
   a) um pedido para escutar o que o ouvinte está sentindo; e
   b) um pedido para escutar o que o ouvinte está pensando.

3 O que você poderia fazer para fortalecer sua consciência do que quer de volta quando fala com os outros?

4 Escreva as palavras que poderia usar para pedir a alguém a devolução do que acabou de dizer a essa pessoa.

5 Escreva o que poderia dizer se essa pessoa (do item 4) responder: "É uma tremenda chatice conversar com você, com toda essa de ficar repetindo. Você me trata como se eu fosse idiota".

6 Relembre alguma coisa que você disse (ou pode se imaginar dizendo) em uma reunião ou em um grupo. Você deixou claro o que queria de volta? Se não, como poderia ter feito isso?

7 Relembre uma situação específica, quando pediu alguma coisa a alguém. Foi um pedido ou uma exigência? Como você sabe?

8 Note se, ao falar com si mesmo, você exige ou pede. Dê exemplos.

Guia do facilitador

1 Pode ser útil lembrar o seu grupo de que, embora nesta seção estejamos enfatizando "pedidos", eles constituem apenas um componente do processo de CNV, cujo objetivo é inspirar a conexão natural entre nós e os outros. Especificar o comportamento que estamos pedindo é importante para

6. EXERCÍCIOS PARA O CAPÍTULO: PEDIR O QUE ENRIQUECE A VIDA

ter as nossas necessidades atendidas: No entanto, o fato de um pedido ser "perfeitamente formulado" não significa que ele vai inspirar o comportamento solicitado. Queremos nos manter ancorados na necessidade que buscamos atender e lembrar que há muitas maneiras (muitos pedidos, muitos comportamentos, estratégias e soluções diferentes) de atender essa necessidade.

2 Se nos dedicamos a uma "dança de CNV" (diálogo respeitoso) com o outro, o "pedido" (ou os "comportamentos combinados") que emerge do espaço natural aberto que nos conecta pode não ter nenhuma semelhança com o pedido original que fizemos à outra pessoa. Vamos pensar no uso de pedidos em CNV para continuar a dança, não como um teste do nosso sucesso em conseguir o que queremos. Lembre-se também de dois pedidos comuns em CNV: 1) por empatia ("Você estaria disposto a me dizer o que acabou de me ouvir dizer?"); e 2) por honestidade ("Você estaria disposto a me dizer o que está sentindo ao me ouvir dizer isso?" ou "Você estaria disposto a dizer o que pensa sobre [alguma coisa específica] que eu acabei de dizer?").

Atividade 1: Incorporar todos os quatro componentes em CNV formal

Imagine situações em que alguém faça as declarações a seguir. Em cada caso, traduza a declaração usando todos os quatro componentes da "CNV formal", prestando especial atenção para que o pedido seja positivo, concreto e imediatamente factível.

1 "Seu cachorro acabou de fazer uma confusão no meu jardim." (Traduza para: "Quando eu vejo o seu cachorro... [observação], sinto... [sentimento], porque preciso... [necessidade], e você estaria disposto a... [pedido]?")

EXERCÍCIOS DE COMUNICAÇÃO NÃO VIOLENTA

2 "Berrar obscenidades não vai trazer o que você quer."

3 "Ao investir o seu dinheiro em fundos mútuos, você está apoiando armas, tabaco, indústrias que exploram a mão de obra e todas as coisas que estamos tentando mudar neste mundo."

4 "Este macarrão é calórico demais."

5 "Nesta empresa, exigimos trabalho em equipe. Se essa não for uma das suas prioridades, é melhor procurar outro emprego."

6 "Ei, crianças, lanterna não é brinquedo. Não desperdicem as pilhas. Elas custam dinheiro."

7 "Aonde você pensa que vai no meio de um dia de aula?"

8 "Mas há duas semanas você me disse que não haveria problema se eu prolongasse um fim de semana este mês."

9 "Amor, o bebê acabou de vomitar."

10 "Isso que você acabou de falar não é CNV."

> ◎ Tente fazer o exercício por conta própria. Registre suas respostas no caderno.

Atividade 2: Fazer pedidos para atender necessidades

Dê ao seu grupo um minuto de silêncio para que todos pensem em uma situação de vida na qual alguma necessidade não esteja sendo atendida. Peça a eles que formulem um pedido (a si mesmos ou a outra pessoa) que aborde a necessidade não atendida.

Então, cada pessoa:

1 apresenta seu pedido na forma de uma citação direta, por exemplo, "Você estaria disposto a _____"; e

2 relata a situação (muito brevemente, não mais do que 1-2 frases), se ela não for clara para o restante do grupo. Garanta que todos no grupo concordem sobre o pedido ser positivo e imediatamente realizável antes de passar à pessoa seguinte.

6. EXERCÍCIOS PARA O CAPÍTULO: PEDIR O QUE ENRIQUECE A VIDA

> ◎ Tente fazer o exercício por conta própria. Registre suas respostas no caderno. Coloque-se no lugar de alguém que está ouvindo o seu pedido. Pergunte a si mesmo: "Se eu ouvisse esse pedido, eu saberia que ação específica estou sendo solicitado a realizar, e quando realizá-la?"

Exemplos de respostas para o guia do facilitador

Respostas para a atividade 1: Incorporar todos os quatro componentes em CNV formal

1 "Quando vejo o seu cachorro fazendo cocô na grama, eu me sinto chateado. Temos filhos que brincam aqui, e quero que o quintal seja um lugar seguro e limpo para eles. Você estaria disposto a usar este saco plástico para recolher o cocô?"

2 "Quando ouço você se dirigindo a mim desse jeito, eu me sinto perturbado, porque preciso de cooperação e de uma resolução pacífica para as nossas diferenças. Você estaria disposto a me dizer o que sente e do que necessita agora, em vez de dizer o que pensa que eu sou?"

3 "Quando ouço que você investiu o seu dinheiro em fundos mútuos, eu me sinto deprimido, porque gostaria de nos ver investindo os nossos recursos no que valorizamos, em vez de apoiar armas, tabaco e indústrias que exploram mão de obra. Você estaria disposto a me dizer o que sente quando me ouve dizer isso?"

4 "Estou preocupado com as calorias deste macarrão, porque realmente preciso cuidar da saúde. Você estaria disposto a me dar uma tigela de sopa, em vez dele?"

5 "Quando leio esse relatório que você escreveu, eu me sinto desconfortável, porque valorizo o trabalho em equipe e preciso ter certeza de que estamos no mesmo barco. Você estaria disposto a marcar uma reunião para que possamos discutir como cada um de nós enxerga as prioridades deste trabalho?"

EXERCÍCIOS DE COMUNICAÇÃO NÃO VIOLENTA

6 "Crianças, quando vejo vocês brincando com as lanternas embaixo do cobertor, eu me sinto desconfortável. Quero que essas pilhas durem, para que as lanternas estejam disponíveis se tivermos uma emergência. Vocês estariam dispostos a guardá-las?"

7 "Quando vejo você saindo da escola no meio do dia, eu me sinto assustado. Preciso de um pouco de entendimento aqui. Você está disposto a me explicar aonde ia?"

8 "Quando o escuto dizer 'não' ao meu fim de semana prolongado este mês, e depois me lembro de que duas semanas atrás você disse que não haveria problema com isso, eu me sinto frustrado e confuso. Preciso de mais clareza e alguma certeza de que estamos nos comunicando com precisão. Você estaria disposto a me falar o que acabou de me ouvir dizer?"

9 "Quando vejo o bebê vomitar, eu me sinto... hã... chateada, porque valorizo um ambiente saudável e agradável. Você estaria disposto a limpar o vômito?"

10 "Quando escuto você se referir a mim como 'autoritário', eu me sinto irritado, porque preciso ser entendido. Você estaria disposto a me dizer o que eu estou fazendo ou falando que o leva a me perceber como 'autoritário'?"

> Analise os exemplos de respostas, observando como são semelhantes às suas ou diferentes delas. O que você nota sobre essas diferenças? Como modificaria as suas respostas depois de analisar estas?

Exercícios para o capítulo:
Receber com empatia

Tarefas individuais

Revisão de leitura

1. Quais são as "duas partes" e os "quatro componentes" da CNV?
2. O que é empatia?
3. Que condição mental precisamos ter para oferecer empatia a outra pessoa?
4. Em vez de oferecer empatia, de que outras maneiras as pessoas tendem a responder quando ouvem alguém expressando dor ou insatisfação?
5. Por que a filha de Marshall bateu a porta na cara dele depois de ouvi-lo dizer que ela era linda?
6. Qual é a diferença entre empatia e uma compreensão intelectual de alguém?
7. Qual é a diferença entre simpatia e empatia?
8. Em CNV, quando recebemos as palavras de outras pessoas, o que, especialmente, estamos ouvindo?
9. Por que Marshall incentiva o uso da frase: "Você está se sentindo infeliz porque você...?"
10. Quando as pessoas estão manifestando descontentamento com você, qual é a vantagem de ouvir o que elas necessitam em vez de ouvir o que estão pensando?
11. A que propósitos serve parafrasear?
12. Em que consiste parafrasear em CNV?
13. Qual é a diferença entre parafrasear em CNV e questionar diretamente? Qual é a vantagem de parafrasear?
14. Se você está experimentando fortes emoções e querendo fazer perguntas diretas a alguém, o que Marshall sugere que faça primeiro? Por quê?

EXERCÍCIOS DE COMUNICAÇÃO NÃO VIOLENTA

15 Em que circunstâncias você parafrasearia ou evitaria parafrasear o que estão lhe dizendo?

16 Se as pessoas reagem de maneira negativa quando parafraseamos as palavras delas, o que podemos fazer?

17 Por que Marshall nos previne contra agir rapidamente para ajudar as pessoas a resolverem os problemas que elas nos trazem?

18 Como sabemos quando uma pessoa recebeu empatia adequada e está pronta para seguir adiante?

19 O que nos impede de oferecer empatia a alguém que está sofrendo?

20 O que podemos fazer quando sabemos que a outra pessoa necessita empatia, mas estamos sofrendo demais para oferecê-la? Descreva três ou quatro exemplos.

Prática individual

1 Relembre uma experiência que teve de "ouvir alguém com todo o seu ser".

2 Quais são algumas condições — tanto internas (dentro de você) quanto externas — que sustentam a sua capacidade de ser empático? Quais são as condições que trabalham contra ela?

3 Descreva duas experiências nas quais você estava expressando alguma dor a alguém e recebeu de volta um dos comportamentos comuns identificados por Holley Humphrey (na seção "Presença: além de fazer algo, esteja presente" deste capítulo). Nos dois casos, você gostou da resposta que recebeu? Por quê?

4 Observe a lista de comportamentos comuns (a lista de coisas que temos a tendência de "fazer" em vez de ser empáticos). Quais deles são particularmente conhecidos por você? Relembre duas situações nas quais você respondeu com um

7. EXERCÍCIOS PARA O CAPÍTULO: RECEBER COM EMPATIA

desses comportamentos. Escreva um breve diálogo de duas linhas para cada situação:

a) o que a pessoa disse (expressando a dor dela);

b) o que você disse em resposta (nomeie o seu comportamento).

5 Agora, volte ao que você escreveu no item 4.b e transforme em uma resposta empática verbalizada. (Na vida real, é claro, a sua empatia pode ser silenciosa.) Lembre-se de que empatia implica perceber ou deduzir — em vez de conhecer — os sentimentos e as necessidades da outra pessoa. Ao oferecer empatia verbal, assumimos o risco de trazer hipóteses de maneira incorreta, com a esperança de que a resposta às nossas hipóteses incorretas nos leve mais perto de uma compreensão precisa.

6 Volte às duas situações que você descreveu no item 3 e imagine, para cada caso, uma resposta empática que você teria gostado de receber da pessoa a quem expressou a sua dor.

7 Descreva uma situação em que você escolheria repetir as palavras de alguém. Descreva uma situação em que você escolheria não repetir. Por que a diferença?

8 Marshall cita Joseph Campbell: "A opinião dos outros sobre nós deve ser deixada de lado para termos felicidade plena", e depois escreve: "Passamos a sentir essa felicidade quando mensagens que recebíamos como críticas ou culpa começam a ser vistas como as dádivas que são: oportunidades de nos entregarmos a pessoas que sofrem".

Você é capaz de relembrar uma situação em que a sua capacidade de ouvir o sentimento e a necessidade por trás de uma mensagem aparentemente ríspida ou difícil abriu caminho para a felicidade — para exercitar o seu poder de contribuir para o bem-estar de outra pessoa?

9 Qual você gostaria que fosse a sua intenção ao repetir as palavras de alguém? Como poderia afirmar que essa é a sua intenção em uma situação específica?

> Reflita sobre todas as palavras que você pronuncia e libera no mundo e a intenção por trás delas. O que você pode fazer para aumentar a sua consciência sobre a intenção estar ou não em conformidade com a CNV?

Guia do facilitador

Você aprendeu ambas as partes e os quatro componentes do processo de CNV. A partir de agora, as atividades em grupo podem consistir em *role-play* (ver seção K de "Praticar em grupo"), sessões de empatia (ver seção J de "Praticar em grupo") e interações livres não estruturadas (ver seção I de "Praticar em grupo"), bem como prática mais estruturada para analisar os fundamentos do processo.

Atividade 1: Exercícios curtos de empatia

A seguir, há seis exercícios curtos de empatia. Se você planeja examinar as respostas dos membros para as questões da prática individual nas páginas 120-121, pode não sobrar muito tempo para esta atividade.

1. Alguém no trabalho lhe diz:
   "Só consegui dormir às três da manhã pensando na nossa apresentação de hoje. Então, hoje quando acordei achei que era melhor beber muito café para me manter acordado e alerta... mas agora a minha cabeça está me matando! Por que sempre tenho dor de cabeça quando preciso fazer alguma coisa importante?"
   a) Dê uma resposta que demonstre compreensão intelectual da situação abordando a pergunta do orador (a última frase).
   b) Dê uma resposta que demonstre simpatia.
   c) Dê uma resposta que ofereça conselho.
   d) Dê uma resposta verbalizando empatia.

7. EXERCÍCIOS PARA O CAPÍTULO: RECEBER COM EMPATIA

2 Em uma reunião, quando você está no meio de uma frase, alguém diz de repente: "Você nunca deixa outra pessoa ter uma chance de falar?" Responda a essa pessoa com empatia ao:

a) perceber e repetir o que a pessoa pode estar observando;

b) perceber e repetir o que a pessoa pode estar sentindo e necessitando;

c) perceber e repetir o que a pessoa pode estar pedindo.

3 O diálogo a seguir acontece entre duas pessoas que dividem uma casa:

a) morador A: "Você nunca se lembra de apagar as luzes."

b) morador B: "Você está irritado e gostaria de mais consciência sobre como usamos os recursos..."

Peça a duas pessoas que leiam a conversa anterior em voz alta. Agora, solicite a todos que representem o papel do morador B e repitam as palavras em voz alta das seguintes maneiras:

a) com uma leve nota de sarcasmo;

b) como uma declaração;

c) de um jeito empático (trazendo hipóteses).

Discutam brevemente o que perceberam ao usar os diferentes tons de voz.

4 Relembre uma situação em que você e outra pessoa estão chateadas uma com a outra. Você tem consciência de que está chateado demais para conseguir oferecer empatia à outra pessoa.

a) Escreva o que poderia dizer à outra pessoa se escolhesse "gritar em CNV". (Se for necessário, faça referência à história do autor sobre "gritar sem violência" no fim deste capítulo no livro.)

b) Escreva o que poderia dizer a si mesmo se escolhesse se dar primeiros socorros com empatia de emergência.

5 Suponha que quisesse que alguém parafraseasse suas palavras de volta, mas estivesse sentindo alguma resistência por parte das outras pessoas. O que poderia dizer a elas?

EXERCÍCIOS DE COMUNICAÇÃO NÃO VIOLENTA

6 Faça um *role-play* breve entre você mesmo (uma pessoa usando CNV) e uma pessoa que comenta: "Eu sei que você quer que repitamos o que dizemos e tal, mas temos um objetivo aqui. Temos trabalho a fazer. Não podemos passar o dia todo tagarelando, você sabe".

> ◎ Tente fazer o exercício por conta própria. Registre suas respostas no caderno.

Exemplos de respostas para o guia do facilitador

Respostas para a atividade 1:
Exercícios curtos de empatia

1 Exemplos de respostas:
   a) "Provavelmente é porque você fica muito tenso quando está antecipando algo importante. Ou talvez seja uma combinação de estresse, falta de sono e a cafeína que está causando a sua dor de cabeça."
   b) "Eu realmente sinto por você. A pior coisa é ter uma dor de cabeça horrível quando você está prestes a fazer uma apresentação importante!"
   c) "Por que não pega essa bolsa de gelo e se deita por uns dez minutos?"
   d) "Você está frustrado porque gostaria muito de se sentir com energia, saudável e centrado para essa apresentação?"
2 Exemplos de respostas:
   a) "Você está se referindo ao meu 'Ah, não; ah, não; ah, não' quando Peter apontou para o mapa?"
   b) "Você está se sentindo irritado porque quer que todo mundo seja ouvido?"
   c) "Você gostaria que nós nos revezássemos e ouvíssemos a todos antes de eu falar novamente?"

7. EXERCÍCIOS PARA O CAPÍTULO: RECEBER COM EMPATIA

3 Nenhuma resposta escrita.

4 Exemplos de respostas:

a) "Pare! Pare, por favor, pare! Preciso de ajuda! Quero conseguir ouvir você, mas estou muito, muito chateado agora para isso. Eu me sinto desesperado! Preciso ir mais devagar! Pode me falar o que está me ouvindo dizer aqui?"

b) "Ela é louca! — Ah, autoempatia... estou chocado depois de ouvir a resposta dela, realmente chocado... e preciso... preciso entender, primeiro entender por que ela fez o que fez. Isso não faz sentido... — Estou perplexo, confuso. Preciso de clareza, e também me sinto muito, muito, muito, muito, muito chateado... triste, me sinto triste e desapontado. Tive sonhos sobre trabalharmos juntos, formar uma equipe e apoiar um ao outro. Quero poder confiar — pensei que estivéssemos de acordo. Estou confuso, triste e magoado... quero entender por que ela fez isso e quero que ela me entenda."

5 "Entendo que pode parecer um pouco incômodo no começo, mas apreciaria muito se você repetisse o que me ouve dizer. É importante, para mim, saber que me comuniquei com precisão, porque a nossa conexão significa muito para mim."

6 Exemplos de respostas:

PESSOA 1: "Eu sei que você quer que repitamos o que dizemos e tal, mas temos um objetivo aqui. Temos trabalho a fazer. Não podemos passar o dia todo tagarelando, você sabe".

PESSOA 2 (USANDO CNV): "Parece que você quer ter certeza de que concluímos o que nos dispusemos a fazer?"

PESSOA 1: "Exatamente. Tem muita coisa que precisamos abordar hoje para que cheguemos a algumas decisões claras."

PESSOA 2 (USANDO CNV): "Você está se sentindo um pouco ansioso e precisando de reafirmação de que as nossas discussões aqui serão eficientes e claras?"

EXERCÍCIOS DE COMUNICAÇÃO NÃO VIOLENTA

PESSOA 1: "Exatamente."

PESSOA 2 (USANDO CNV): "Eu gosto de ouvir você dizer isso. Tenho a mesma necessidade, e teria mais confiança de que ela seria atendida se repetíssemos o que uma pessoa disse antes de outra pessoa falar. Você estaria disposto a tentar?"

> Analise os exemplos de respostas, observando como são semelhantes às suas ou diferentes delas. O que você nota sobre essas diferenças? Como modificaria as suas respostas depois de analisar estas?

Exercícios para o capítulo:
O poder da empatia

Tarefas individuais

Revisão de leitura

1. O que o pai da psicologia humanista, Carl Rogers, e Milly, a aluna do ensino fundamental, entendem da mesma maneira?
2. Em que circunstâncias mais hesitamos em expressar vulnerabilidade (isto é, deixar que os outros vejam o que realmente acontece em nós)? O que podemos fazer nessas circunstâncias?
3. Por que é tão importante ser capaz de empatizar com alguém que lhe diz "não"?
4. Por que somos aconselhados a não colocar o nosso "mas" diante de uma pessoa furiosa?
5. De acordo com o autor, por que conversas se arrastam ou morrem? Quais são as maneiras de revivê-las?
6. Para muitos, "interromper" é um tabu social. O que dá ao autor a coragem para interromper alguém no meio de uma frase?
7. O que podemos fazer na presença de alguém que não fala nem responde às nossas perguntas?

Prática individual

1. Pense em duas situações em que você experimentou conflito — uma com alguém que via como um "superior" (por exemplo, uma figura de autoridade) e outra com alguém subordinado ou dependente de você em algum sentido (uma criança, alguém que trabalhava para você etc.). O que diria para empatizar com cada um deles? Você percebe alguma diferença na facilidade (ou dificuldade) para empatizar com eles?

EXERCÍCIOS DE COMUNICAÇÃO NÃO VIOLENTA

2 Os membros de uma gangue em Cleveland [Ohio, EUA] riram e debocharam do autor: "Ei, vejam, ele está magoado; coitadinho!" Escreva como o autor poderia ter respondido usando cada uma das quatro opções ao ouvir uma mensagem difícil. Em outras palavras, o que ele poderia ter dito se tivesse:

a) se culpado;

b) culpado os outros;

c) percebido os próprios sentimentos e necessidades; ou

d) percebido os sentimentos e as necessidades dos outros.

3 Relembre uma situação em que viu que alguém ria ou debochava de você, sentia prazer com a sua dor ou era provocador ou vingativo com a intenção de causar dor em você.

a) Sem pressa, esteja com os sentimentos e as sensações que despertam quando você recria essa situação.

b) De que sentimentos e necessidades você tem consciência? (Pode haver muitos.)

4 Você consegue se lembrar de uma situação em que estava se divertindo, rindo de alguém, sentindo prazer com a dor do outro, ou disposto a causar dor a essa pessoa? Se sim, empatize com como se sentia naquele momento. Quais eram os seus sentimentos, além da aparente satisfação que pode ter sentido ao ver a pessoa sofrer? Quais eram as suas necessidades atendidas e não atendidas?

5 Volte à situação lembrada no item 3. Desta vez, veja se é capaz de empatizar com a outra pessoa, percebendo que sentimentos e necessidades podiam estar ativos nela, inclusive quando parecia feliz por ver você sofrer.

6 Por que você acha que muitas vezes é mais fácil empatizar com um estranho ou alguém que não conhecemos bem do que com as pessoas que são mais próximas de nós?

7 Pratique a tradução do "não" em "sim". Quando dizemos "não" para alguma coisa, estamos, na verdade, dizendo

"sim" para outra. Por exemplo, "Por trás do meu 'não' para sair e tomar sorvete está o meu 'sim' para ficar em um lugar onde me sinto seguro". Relembre duas ou três ocasiões em que você disse "não" para alguém. Qual era o "sim" por trás do seu "não"? Use linguagem positiva para expressar o que queria ou necessitava.

8. Você se lembra de uma ocasião em que se sentiu entediado ao conversar com alguém? Se sim, escreva o que poderia ter dito nessa ocasião usando comunicação não violenta. Dê outros dois exemplos de alguma coisa que poderia ter dito naquela ocasião para dar vida à conversa.

9. Imagine ou relembre uma situação em que a outra pessoa não fala com você nem responde às suas perguntas.

   a) O que você pode estar sentindo e necessitando?

   b) O que a outra pessoa pode estar sentindo e necessitando?

   c) Como você pode expressar empatia pela outra pessoa nessa situação?

   d) Como você pode expressar empatia por si mesmo?

10. Veja, nas páginas 131-132, a tabela "Traduzir julgamentos em autoempatia":

    a) Uma mulher está ouvindo a declaração no alto da tabela. (Essas palavras são o "estímulo".)

    b) Ela ouve culpa e crítica, e seus pensamentos se voltam para "qual é o problema dele" ("Pensamentos alienantes da vida" — coluna à esquerda.)

    c) Tomando consciência dos próprios pensamentos, ela reconhece que está sofrendo. Então, faz um esforço consciente para traduzir os pensamentos em "autoempatia" (coluna à direita). Ela sabe que existe uma chance muito maior de suas necessidades serem atendidas se focar suas necessidades, em vez de "qual é o problema dele".

O exemplo do que a mulher pode dizer a si mesma quando está traduzindo suas maneiras habituais de pensar não

EXERCÍCIOS DE COMUNICAÇÃO NÃO VIOLENTA

captura a essência da autoempatia, que é não verbal. Autoempatia requer que paremos e estejamos plenamente presentes para a nossa experiência interna. Não é "pensar" no que estamos sentindo. É "sentir" o que estamos sentindo e estar abertos a qualquer inundação de sensações presentes, sem recuar dela, tentar mudá-la ou afogar-se nela. Não tem a ver com ser capaz de identificar a nossa necessidade não atendida com a palavra precisa, mas com sentir plenamente o anseio dessa necessidade não atendida dentro de nós. Autoempatia não é um remédio rápido. É um processo que pode levar tempo e que, quando nos permitimos ir até o fim, conduz a uma mudança em nossa experiência, um aprofundamento e um alívio.

NOTA: Às vezes, existe a preocupação de "afundar em" ou "ceder a" sentimentos que consideramos "negativos". Podemos recear que, prestando atenção a esses sentimentos, nós os alimentamos. Autoempatia é presença e aceitação plenas de quaisquer sentimentos existentes sem afastá-los (negação) nem se apegar a eles (prolongamento).

Nossa tendência é a evitar sentimentos que são desagradáveis, mesmo sabendo intelectualmente que "você precisa sentir para curar". "Afundar" não é estar presente para os nossos sentimentos: consiste no pensamento prolongado sobre eles ou sobre as circunstâncias que foram o gatilho. Cada pessoa precisa experimentar e descobrir a natureza da "presença", de estar presente para os sentimentos, em oposição a negá-los ou ceder a eles.

11 Escolha uma situação em que um estímulo externo desencadeou em você maneiras habituais de pensar.

a) Escreva o estímulo na forma de uma observação sem avaliação.

8. EXERCÍCIOS PARA O CAPÍTULO: O PODER DA EMPATIA

b) Escreva os pensamentos alienantes da vida estimulados por essa observação.

c) Traduza esses pensamentos: O que você está sentindo, e quais são as necessidades não atendidas por trás desses pensamentos? Permita-se um tempo para ficar com os sentimentos e necessidades que surgirem. Perceba o que acontece quando você se permite estar plenamente presente para si, para a sua experiência interna. Note o fluxo de sensações e emoções e os comentários mentais que possam surgir.

d) Quando você decidir que concluiu esse processo, escreva os sentimentos e as necessidades que explorou e qualquer outra coisa que você tenha notado e que tenha lhe causado impressão.

TRADUZIR JULGAMENTOS EM AUTOEMPATIA

Estímulo:

Não acredito que a sua mãe levou aquele tombo um ano atrás e você nunca se preocupou em ir ver se ela quebrou algum osso. Você deveria tê-la levado aos Estados Unidos para fazer uma radiografia. Teria sido fácil, e hoje ela estaria bem. Você não deveria ter deixado isso para lá desse jeito. Agora ela nunca mais vai andar.

Pensamentos alienantes da vida	Autoempatia
Que cretino insensível!	Chateado... Só estou chateado por ouvi-lo falar comigo desse jeito... num momento em que me sinto vulnerável, preciso de compaixão e quero ouvir palavras cuidadosas!

EXERCÍCIOS DE COMUNICAÇÃO NÃO VIOLENTA

Ele é totalmente grosseiro. O que dá a ele o direito de me dizer o que fazer?	Ah... hum, qual é meu sentimento aqui? Estou me sentindo quente, o meu pescoço parece estar rígido, eu me sinto, é... chateado, chateado, sinto um aperto no peito, ahh... tensão... Estou dizendo "ele é grosseiro" — estou percebendo que quero respeito, quero mais aceitação de como posso ter escolhido fazer as coisas.
O cara está falando sem ter a menor ideia do que passei tentando conseguir aquela radiografia! Ele é muito ignorante.	Estou sentindo muita dor. Estou triste. Ele não sabe o que aconteceu. Tenho uma necessidade de ser entendido. Quero reconhecimento por todos aqueles desafios, aquelas dificuldades. Quero ser visto e entendido de maneira precisa!

Guia do facilitador

Anuncie a intenção de dedicar esta seção inteiramente à consciência e à prática de empatia, do primeiro "oi" ao último "adeus". Que forma tomaria o nosso mundo se cada um de nós dedicasse um tempo a praticar a intenção de responder ao outro e a si mesmo com empatia? Imagine ter duas horas e meia para compartilhar juntos uma amostra desse mundo!

Use qualquer uma ou uma combinação das atividades a seguir para centrar a prática de hoje na empatia:

a) interações empáticas espontâneas entre membros do círculo;
b) sessões de empatia (ver seção J de "Praticar em grupo");
c) compartilhar as suas respostas às questões da prática individual;

8. EXERCÍCIOS PARA O CAPÍTULO: O PODER DA EMPATIA

d) qualquer uma das práticas estruturadas e dos exercícios de empatia a seguir.

Atividade 1: Diálogo empático

Use o diálogo da clínica de desintoxicação e continue com mais duas trocas, pelo menos. Imagine a mulher permanecendo presente em sua empatia durante este momento de ameaça à vida.

a) Homem: "Quero um quarto."
b) Mulher: "Todos os quartos já estão ocupados."
c) Homem (com a faca em seu pescoço): "Vadia, não mente para mim! Você tem um quarto!"
d) Mulher: "Parece que você está muito bravo e quer um quarto."
e) Homem: "Eu posso ser um dependente químico, mas, por Deus, eu mereço respeito. Estou cansado de ninguém me respeitar. Os meus pais não me respeitam. Eu vou ter respeito!"
f) Mulher: "Você está farto de não ter o respeito que quer?"
g) Homem: _____
h) Mulher: _____
i) Homem: _____
j) Mulher: _____

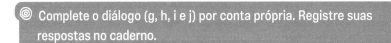
Complete o diálogo (g, h, i e j) por conta própria. Registre suas respostas no caderno.

Atividade 2: Expressar empatia

Pratique expressar empatia com alguém que faz as seguintes declarações. Use o formato "Você se sente x, porque precisa de y?"

a) "As pessoas para quem eu cozinho são muito exigentes."
b) "Fique quieto!"

EXERCÍCIOS DE COMUNICAÇÃO NÃO VIOLENTA

c) "Você não diria essas coisas se amasse o seu país."

d) "Os meus pais nunca me dizem a verdade de jeito nenhum."

e) "Eu não suporto o jeito como você sempre me contradiz."

> Tente fazer o exercício por conta própria. Registre suas respostas no caderno.

Atividade 3: Role-play de empatia

Uma pessoa começa o *role-play* escolhendo uma das falas a seguir. Os outros no círculo empatizam, e a pessoa continua o diálogo até estar satisfeita por ter sido plenamente ouvida. Lembre-se: "Empatia antes de educação". Evite resolver problemas e dar conselhos até que o orador tenha recebido empatia adequada.

a) "Não sei o que fazer com pessoas que fazem parte da minha vida e se recusam terminantemente a ouvir o que eu estou dizendo."

b) "Quando alguém me xinga, eu sofro, mas então também percebo que eles estão sofrendo por terem me xingado. O que eu faço?"

c) "Quando me pego culpando alguém que obviamente precisa de empatia e vejo meu coração se fechando, acabo me culpando. Isso não é útil, é?"

d) "Desde que comecei a usar CNV, as pessoas têm se aproveitado de mim. Meus colegas de trabalho, o síndico do prédio, até os meus filhos — todo mundo me atropela só por que eles sabem que agora não vão ter troco."

> Pratique expressar empatia com amigos ou membros da família que apresentam fortes necessidades e sentimentos. Ou assista a um programa de televisão ou filme e tente empatizar com

> os sentimentos e as necessidades dos personagens. Registre suas respostas no caderno.

Exemplos de respostas do guia do facilitador

Respostas para a atividade 1: Diálogo empático

1 Homem: "Estou, sim! Farto! Enjoado e cansado! Não vou mais aguentar isso!"
2 Mulher: "Parece que você está realmente determinado a se proteger e obter o respeito de que necessita."
3 Homem: "É, é, isso mesmo. Ninguém sabe como é... Eles me forçam a implorar por tudo — um pouco de comida, um lugar para ficar..."
4 Mulher: "Você se sente frustrado, e gostaria de mais compreensão sobre como é doloroso estar na sua situação?"

> Analise os exemplos de respostas, observando como são semelhantes às suas ou diferentes delas. O que você nota sobre essas diferenças? Como modificaria as suas respostas depois de analisar estas?

Respostas para a atividade 2: Expressar empatia

1 "Você está se sentindo desanimado porque precisa de apreciação?"
2 "Você está se sentindo chateado porque precisa de respeito?"
3 "Você está se sentindo agitado porque precisa confiar que há apoio para o país?" (Ou: "Você se sente agitado porque valoriza apoio e comunidade?")
4 "Você está se sentindo desanimado porque precisa de honestidade e conexão?"
5 "Você está se sentindo frustrado porque precisa de harmonia?"

EXERCÍCIOS DE COMUNICAÇÃO NÃO VIOLENTA

◎ Analise os exemplos de respostas, observando como são semelhantes ou diferentes das suas. O que você nota sobre essas diferenças? Como modificaria as suas respostas depois de analisar estas?

Exercícios para o capítulo: A ligação compassiva com nós mesmos

NOTA: Este capítulo não existe na primeira edição do livro. Alguns dos tópicos abordados aqui foram abordados no capítulo "Conquistar a liberdade e aconselhar os outros" na primeira edição. Se você tem a primeira edição do livro, talvez queira pular esta tarefa e voltar a ela apenas depois de concluir o capítulo "Conquistar a liberdade e aconselhar os outros" em questão e suas tarefas no livro de exercícios.

Tarefas individuais

Revisão de leitura

1 Por que Marshall enfatiza a importância de usar CNV com nós mesmos?
2 O que se perde quando alguém esquece "a razão sutil, fugaz e importante" de ter nascido "humano, não uma cadeira"?
3 Como as pessoas tendem a se avaliar quando estão infelizes com o que fizeram?
4 Por que Marshall quer evitar o autojulgamento como uma via para crescimento, aprendizado e mudança?
5 Como é provável que os outros respondam quando sentem vergonha ou culpa por trás da nossa bondade com eles?
6 Por que Marshall considera violenta a palavra "deveria" ou "tenho que"?
7 Declarar repetidamente o que "deveríamos" fazer pode nos impedir de fazer isso. Por quê?
8 De acordo com a CNV, o que estamos dizendo realmente, se sugerimos que alguém é errado ou mau?

EXERCÍCIOS DE COMUNICAÇÃO NÃO VIOLENTA

9 Quais são os dois aspectos de autoavaliação que Marshall enfatiza e valoriza?

10 O que provavelmente sentimos quando nos criticamos por "estragar tudo"?

11 O que acontece conosco quando nos conectamos com a necessidade não atendida por trás da autocrítica?

12 Descreva o processo de luto e autoperdão em CNV.

13 Quais são as duas partes de nós mesmos que abraçamos empaticamente quando somos compassivos com nós mesmos?

14 Quais são os três passos para traduzir uma linguagem de "tenho que" para uma linguagem de "eu escolho"?

15 Qual é o objetivo dessa tradução?

16 Em que circunstância esforço, desafio e frustração ainda podem ser experimentados como "prazer"?

17 Quais são os dois exemplos de recompensa extrínseca?

18 Quais são as desvantagens de ser motivado por recompensa extrínseca?

19 Que comportamento Marshall considera mais perigoso do ponto de vista social quando somos afastados das nossas necessidades? Por quê?

Prática individual

1 Luto na CNV ou "luto girafa"

Este é um processo para curar a nós mesmos em relação a uma escolha que fizemos no passado e de que agora nos arrependemos. É um jeito de reconhecer o nosso pesar e empatizar com nós mesmos para que possamos crescer além das nossas limitações do passado.

Talvez possamos pensar que estamos "corrigindo a situação" ou "compensando" um erro do passado ao continuar nos culpando e prolongando o nosso sentimento de culpa e vergonha. No entanto, como escreveu São Francisco de Sales,

9. EXERCÍCIOS PARA O CAPÍTULO: A LIGAÇÃO COMPASSIVA COM NÓS MESMOS

"Aquele que se preocupa com os próprios erros não os corrigirá. Todas as correções proveitosas vêm de uma mente calma e pacífica".

Em nossa cultura, existe uma crença de que o sofrimento do perpetrador compensa a perda suportada pela vítima — olho por olho. Como praticante da CNV, se perco um olho em consequência do seu comportamento, sei que a minha profunda necessidade de empatia, compaixão, segurança etc. não será atendida nem pela sua oferta de autojulgamento nem pelo seu olho. Eu só serei capaz de receber de você o que necessito depois que você trilhar o caminho muito difícil de realmente enlutar as escolhas que fez. A cura entre nós vai acontecer quando eu ouvir a profundidade do seu luto e você conseguir me oferecer a profundidade da empatia que eu necessito.

Use o fluxograma da página seguinte, "Luto: curando o passado", para enlutar uma escolha que você fez no passado e de que agora se arrepende.

a) Observação: O que eu disse ou fiz no passado e de que agora me arrependo.

b) Autojulgamentos: O que penso de mim por ter feito ou dito aquilo (a).

c) Atuais sentimentos e necessidades: Traduzo autojulgamentos em sentimentos e necessidades.

d) Empatia por mim mesmo: Determino que necessidade(s) minha(s) eu estava tentando atender quando escolhi realizar a ação ou dizer as palavras de que agora me arrependo.

e) Pedido atual a mim mesmo: Consciente de meus atuais sentimentos e necessidades não atendidas (c), gostaria de abordar as minhas necessidades (d) desta maneira.

EXERCÍCIOS DE COMUNICAÇÃO NÃO VIOLENTA

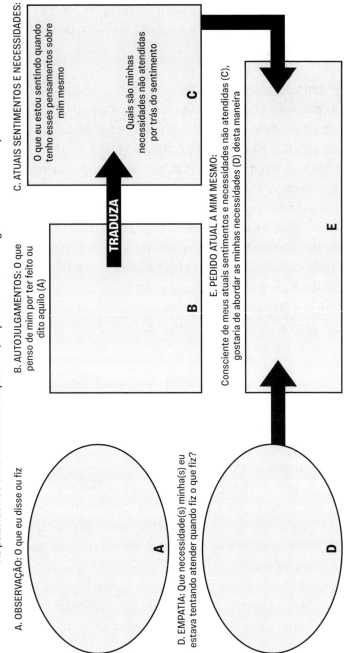

9. EXERCÍCIOS PARA O CAPÍTULO: A LIGAÇÃO COMPASSIVA COM NÓS MESMOS

2 Traduzir "tenho de" para "eu escolho"

Faça uma lista de todas as coisas que você não gosta de fazer, mas se vê tendo de fazer mesmo assim. Use o formato a seguir:

"Tenho de _____ (insira a tarefa)."

Traduza cada item para a afirmação:

"Eu escolho _____ (inserir a tarefa citada) porque quero _____ (inserir o que você valoriza, necessita ou quer)."

3 Pense nas maneiras pelas quais você tenta obter dinheiro na vida como estratégias que escolheu para atender a certas necessidades. Liste as necessidades. Imagine pelo menos uma outra estratégia possível para atender a cada uma das necessidades que relacionou.

Exemplo:

"Eu tento obter dinheiro pedindo ao meu irmão os R\$ 25 com os quais ele aceitou contribuir para o presente de aniversário que eu comprei para a nossa mãe no mês passado."

Minhas necessidades:

a) equidade e equilíbrio — "Eu quero a mesma contribuição de todos para sustentar o bem-estar da nossa mãe";

b) confiabilidade — "Eu quero saber que posso contar com que os acordos serão cumpridos";

c) conexão — "Eu quero me reconectar com a minha ex-namorada, convidando-a para almoçar".

Outras estratégias possíveis para atender a essas necessidades:

a) Expressar a minha necessidade de equilíbrio e perguntar ao meu irmão se ele está disposto a levar minha mãe às próximas duas consultas médicas;

b) Expressar a minha necessidade de confiabilidade e explorar com meu irmão como posso aumentar a minha confiança e contar com ele para as coisas com as quais se compromete;

EXERCÍCIOS DE COMUNICAÇÃO NÃO VIOLENTA

c) Abordar a minha necessidade de conexão encontrando algo especial que possa oferecer à minha ex-namorada e que não custe dinheiro.

4 Na abertura deste capítulo, Marshall cita as palavras de Mahatma Gandhi: "Que nós sejamos a mudança que buscamos no mundo". Faça observações específicas de como você está se tornando a mudança que deseja no mundo.

Guia do facilitador

Dê a todos os participantes que trabalharam com a seção de prática individual esta semana uma oportunidade de compartilhar seus fluxogramas (do item 1) e as listas "tenho de/eu escolho" (do item 2). Peça aos participantes que descrevam o que aprenderam com cada um dos dois processos que praticaram. Se necessário, divida-os em dois ou três grupos para a sessão de hoje, a fim de criar o tempo adequado para que todos compartilhem.

Se os participantes não fizeram a prática 1 em casa, peça a alguém que queira se voluntariar para demonstrar uma "prática ao vivo", contando alguma coisa que fez e de que agora se arrepende. Apoie a pessoa ao longo do processo, oferecendo dicas a cada etapa. Incentive-a a verbalizar todos os autojulgamentos ou outros pensamentos que surgirem à medida que forem avançando. Não tenha pressa, lembrando que o processo não é simplesmente *identificar* e *nomear* sentimentos e necessidades, mas *conectar-se* profundamente com o que está vivo neles neste exato momento.

Se sobrar tempo depois de concluir as práticas 1 e 2, explore o assunto "dinheiro" como estratégia e suas necessidades subjacentes. Você pode encerrar a sessão com os participantes celebrando as maneiras como estão se tornando a mudança que procuram no mundo (prática 4).

9. EXERCÍCIOS PARA O CAPÍTULO: A LIGAÇÃO COMPASSIVA COM NÓS MESMOS

NOTA: A atividade a seguir é oferecida para grupos que queiram trabalhar mais com autojulgamento.

Diálogo interno: eu, autojuiz, autodefensor

A consciência de pensamentos de autojulgamento oferece uma oportunidade de tradução que leva à conexão com nossos sentimentos e nossas necessidades. Se, no entanto, quando os autojulgamentos começam a surgir, nós somos rápidos para censurá-los, responder de maneira defensiva ou consolar a nós mesmos, acrescentamos mais uma camada de pensamentos bloqueando-nos dos sentimentos e das necessidades originais. O diálogo interno a seguir ilustra esse efeito.

Exemplo de autodiálogo:

EU: "Hum, o que é isso no fundo da lata? Ah, uma pilha de papéis esquecidos."

AUTOJUIZ: "Aah, veja todas estas contas vencidas! Eu estraguei tudo mesmo! Por que nunca consigo fazer as coisas direito? Até parece que é tão difícil pagar algumas contas no vencimento!"

AUTODEFENSOR: "Não vamos ser tão duros com nós mesmos. Todo mundo esquece de vez em quando."

AUTOJUIZ: "É, mas eu *sempre* esqueço as coisas e *sempre* deixo passar coisas, e é claro que tenho que pagar por isso depois. Não consigo acreditar como eu sou sempre tão..."

AUTODEFENSOR: "Pare! Você *não é* sempre deste ou daquele jeito! Pare de se pôr para baixo. Lembra que em CNV nós não devemos nos julgar? Isso só piora as coisas. Lembre-se de que estamos sempre fazendo o melhor que podemos e estamos bem como somos. Então nós cometemos um pequeno erro e nos esquecemos de alguma coisa. Não vamos fazer disso um problema tão grande! Tudo que precisamos fazer agora é sentar e pagar as contas. Vai ficar tudo bem."

EXERCÍCIOS DE COMUNICAÇÃO NÃO VIOLENTA

NOTA: Esse diálogo interno termina quando a pessoa se senta para pagar as contas.

Traduzir o autodiálogo

As instruções a seguir referem-se ao exemplo anterior, de auto-diálogo. Depois que você se familiarizar com os procedimentos sugeridos, porém, pode aplicá-los a diálogos internos semelhantes relatados pelos participantes.

1 Três participantes, sentados um ao lado do outro, assumem os papéis das três vozes (eu, autojuiz e autodefensor), lendo suas respectivas falas.

2 Outro participante empatiza com o autodefensor, devolvendo os sentimentos e as necessidades dele. Não tenha pressa: pode haver várias camadas de sentimentos e necessidades por trás da voz que você quer consolar, defender, negar ou consertar.

   a) Autodefensor: "Não vamos ser tão duros com nós mesmos. Todo mundo esquece de vez em quando".
   Empatize com a voz citada: (Devolva sentimentos e necessidades.)

   b) Autodefensor: "Pare! Você *não é* sempre deste ou daquele jeito! Pare de se pôr para baixo. Lembra que em CNV nós não devemos nos julgar? Isso só piora as coisas. Lembre-se de que estamos sempre fazendo o melhor que podemos e estamos bem como somos. Então nós cometemos um pequeno erro e nos esquecemos de alguma coisa. Não vamos fazer disso um problema tão grande! Tudo que precisamos fazer agora é sentar e pagar as contas. Vai ficar tudo bem."
   Empatize com a voz citada:

3 Depois que os sentimentos e as necessidades do autodefensor foram plenamente ouvidos, o autodefensor estará pron-

9. EXERCÍCIOS PARA O CAPÍTULO: A LIGAÇÃO COMPASSIVA COM NÓS MESMOS

to para empatizar com o autojuiz. O autodefensor agora ajuda o autojuiz a se conectar com os sentimentos e as necessidades por trás dos julgamentos dele. (Isso é o processo de "luto".)

a) Autojuiz: "Aah, veja todas estas contas vencidas! Eu estraguei tudo mesmo! Por que nunca consigo fazer as coisas direito? Até parece que é tão difícil pagar algumas contas no vencimento!"
Empatize com a voz citada:

b) Autojuiz: "É, mas eu *sempre* esqueço as coisas e *sempre* deixo passar coisas, e é claro que tenho que pagar por isso depois. Não consigo acreditar como eu sou sempre tão..."
Empatize com a voz citada:

4 Depois que os autojulgamentos foram inteiramente traduzidos em sentimentos e necessidades, o autojuiz estará pronto para empatizar com o eu.
O autojuiz ajuda o eu a se conectar com os sentimentos e as necessidades por trás das escolhas que ele fez e resultaram em contas vencidas. (Isso é autoperdão.)
Permita que o eu se conecte com as necessidades por trás das escolhas que levaram às contas vencidas:

5 Antes de terminar, pergunte a cada participante em que grau eles experimentaram mudança depois de terem se conectado empaticamente. Convide o restante do grupo a compartilhar o que observaram e aprenderam.

> ◎ Você se lembra de um momento em que interrompeu os seus próprios autojulgamentos?
> a) Escreva como isso soou.
> b) Agora, empatize com aquela voz.

EXERCÍCIOS DE COMUNICAÇÃO NÃO VIOLENTA

Exemplos de respostas para o guia do facilitador

Respostas para o diálogo interno:
Eu, autojuiz, autodefensor

2a Autodefensor: "Não vamos ser tão duros com nós mesmos. Todo mundo erra às vezes."
Empatia pelo autodefensor: "Você fica ansioso quando começa a ouvir autojulgamento porque valoriza muito a compaixão por nós mesmos? Você quer saber que podemos nos perdoar pelas vezes em que cometemos erros?"

2b Autodefensor: "Pare! Você *não é* sempre deste ou daquele jeito! Pare de se pôr para baixo. Lembra que em CNV nós não devemos nos julgar? Isso só piora as coisas. Lembre-se de que estamos sempre fazendo o melhor que podemos e estamos bem como somos. Então nós cometemos um pequeno erro e nos esquecemos de alguma coisa. Não vamos fazer disso um problema tão grande! Tudo que precisamos fazer agora é sentar e pagar as contas. Vai ficar tudo bem."
Empatia pelo autodefensor: "Você se sente chateado e quer confiar que ainda vamos nos aceitar, e ser bons e compreensivos com nós mesmos, por mais que estejamos desanimados com as escolhas que fizemos? E eu me pergunto: você também sente medo porque quer me proteger da dor e da vergonha de ouvir aqueles julgamentos?"

3a Autojuiz: "Aah, veja todas estas contas vencidas! Eu estraguei tudo mesmo! Por que nunca consigo fazer as coisas direito? Até parece que é tão difícil pagar algumas contas no vencimento!"
Empatia pelo autojuiz: "Você está desapontado porque gostaria de poder contar consigo para fazer as tarefas a tempo?"

3b Autojuiz: "É, mas eu *sempre* esqueço as coisas e *sempre* deixo passar coisas, e é claro que tenho que pagar por isso depois. Não consigo acreditar como sou sempre tão..."

9. EXERCÍCIOS PARA O CAPÍTULO: A LIGAÇÃO COMPASSIVA COM NÓS MESMOS

Empatia pelo autojuiz: "Parece que você se sente muito desanimado quando se lembra que isso aconteceu mais de uma vez porque gostaria de confiar que pode aprender com erros do passado? E também fica preocupado quando pensa nas possíveis consequências porque valoriza o uso eficiente do seu tempo e do seu dinheiro?"

4 Permita que o eu se conecte com a(s) necessidade(s) por trás das escolhas que levaram às contas vencidas:

"Posso ver que tenho desviado a maior parte da minha atenção do trabalho este mês para me dedicar à jardinagem, à família, aos amigos e ao novo programa de dieta e exercícios. Fiz escolhas para usar o meu tempo e a minha energia desse jeito porque valorizo a boa saúde, estar com as pessoas que amo e contribuir para o bem-estar delas, conectar-me com a terra e nutrir a nova vida no planeta."

> ◎ Analise os exemplos de respostas, observando como são semelhantes às suas ou diferentes delas. O que você nota sobre essas diferenças? Como modificaria as suas respostas depois de analisar estas?

Exercícios para o capítulo:
Expressar a raiva plenamente

10

Tarefas individuais

Revisão de leitura

1. O autor garante aos leitores que estão furiosos com injustiças sociais e políticas que a comunicação não violenta não enxerga a raiva como _____.

2. Das quatro opções ao ouvir uma mensagem difícil, qual estamos escolhendo quando ficamos com raiva?

3. Qual é o estímulo da raiva?

4. Por que é tão importante distinguir entre estímulo e causa?

5. É útil confundir estímulo e causa se você quiser usar _____ para controlar o comportamento das outras pessoas.

6. Quando vemos alguém fazendo alguma coisa que pensamos ser prejudicial, como poluir o meio ambiente, o autor sugere que é melhor prestar atenção a _____ em vez de _____.

7. De que maneira a raiva pode ser útil para nós?

8. O autor recomenda que pratiquemos repetidamente substituir a frase "Estou com raiva porque eles..." pela frase _____.

9. O que o autor aprendeu ao levar um soco no nariz dois dias seguidos?

10. O que acontece com a nossa raiva no momento que realmente entramos em contato com as nossas necessidades?

11. Por que o autor enfatiza a distinção entre causa e estímulo por motivos "práticos e táticos", bem como filosóficos?

12. A violência é o resultado quando as pessoas se convencem de que _____.

EXERCÍCIOS DE COMUNICAÇÃO NÃO VIOLENTA

13 A maioria das pessoas com quem falamos seria incapaz de prestar atenção nas nossas necessidades quando expressamos essas necessidades a elas por _____.

14 O que acontece quando fazemos as pessoas atenderem às nossas necessidades atuais deixando-as envergonhadas, culpadas ou intimidadas?

15 Descreva os quatro passos para expressar a raiva.

16 O que você pode precisar fazer entre os passos 3 e 4? Por quê?

17 O que o autor sugere fazer quando pensamentos violentos surgem em nossa cabeça?

18 Marshall não queria que o homem no carro ouvisse culpa ou admitisse culpa por ser racista. Por quê?

19 Por que aplicar esse processo pode ser incômodo para a maioria dos que estão aprendendo CNV?

20 Explique a diferença entre expressar raiva "superficialmente" e "plenamente".

Prática individual

> NOTA: O exercício 1 deve ser completado de uma só vez, e pode levar um tempo. Antes de começar, leia todo o conjunto de instruções, bem como a explicação da página 152, "O que é raiva?".

1 Relembre uma ocasião em que sentiu raiva. Recapture o cenário, trazendo à mente os detalhes daquele momento (como era o lugar e que sensação dava, qual era a sua postura física, como você viu a outra pessoa, quais eram os sons à sua volta etc.).

   a) Identifique o estímulo (ou estímulos) da sua raiva na forma de observação (ou observações).

   b) Quais eram os pensamentos "deveria" em sua cabeça?

   c) Traduza o seu pensamento "deveria" em necessidades. Pode haver várias; então, trate de notar todas e incluir, é

10. EXERCÍCIOS PARA O CAPÍTULO: EXPRESSAR A RAIVA PLENAMENTE

claro, os quatro tipos de desconexão, mesmo que o "deveria" propriamente dito não esteja presente. (Os quatro tipos de desconexão são diagnóstico, negação de responsabilidade, exigência e linguagem orientada ao merecimento — ver tarefa 2.)

d) Permitindo a si mesmo bastante tempo, sente-se em silêncio com a consciência das suas necessidades não atendidas naquela situação. "Quando percebo a necessidade profunda que tinha de _____ (e _____ e _____) e percebo que essas necessidades não foram atendidas, eu sinto _____." Agora vá para dentro de si e veja o que encontra. Você pode notar várias sensações físicas, emoções e estados mentais (ver o quadro "O que é raiva?"). Apenas esteja plenamente com o que aparecer, sem precisar encontrar "a palavra certa" para expressá-lo.

Além disso, é provável que você note muitos pensamentos e imagens indo e vindo — de todo tipo, desde "Ela certamente deixou uma ferida profunda em mim" até "Este exercício é idiota" ou "Nunca mais vou fazer esse tipo de coisa". Quando um pensamento surgir, simplesmente reconheça-o com "aqui tem um pensamento". Então o deixe ir e, com gentileza, leve a sua atenção de volta ao nível do sentimento, observando as sensações físicas, as emoções e os estados mentais que está descobrindo em si mesmo.

Se a sua mente vagar, leve-a de volta ao foco, repetindo: "Quando percebo que as minhas necessidades de _____ não estão sendo atendidas, eu sinto _____". Permita-se estar plenamente com quaisquer sentimentos que surgirem para você na presença dessa consciência das suas necessidades não atendidas.

Finalize esta parte sem acelerar quando sentir que terminou a exploração.

EXERCÍCIOS DE COMUNICAÇÃO NÃO VIOLENTA

O QUE É RAIVA?

Raiva é uma experiência em constante transformação de uma constelação de:

PENSAMENTOS
Eles fizeram isso comigo! Depois fizeram aquilo! Como se atrevem a ____! Eles são tão ____! São um verdadeiro bando de ____! Então eles acham que podem me tratar desse jeito? Esperem até eu mostrar para eles! Nunca vi tanto ____. Eles deveriam ____. Não deveriam ____ etc.

IMAGENS

SENSAÇÕES
incluindo:

SENSAÇÕES FÍSICAS
Calor, frio, compressão, tensão, pressão, contração, vibração, formigamento, pulsação, latejamento, perfuração, tremedeira, respiração pesada, tontura, falta de firmeza, descarga de energia, cores etc.

EMOÇÕES
Desapontamento, medo, vergonha, tristeza, dor, choque, desespero, terror etc.

ESTADOS MENTAIS
Agitação, confusão, torpor, peso, aperto (a mente parece estar apertada, sem espaço), urgência (forte impulso de se mover, falar, agir) etc.

10. EXERCÍCIOS PARA O CAPÍTULO: EXPRESSAR A RAIVA PLENAMENTE

e) Agora, identifique verbalmente os sentimentos (emoções) associados às suas necessidades não atendidas naquela situação.

f) Usando os quatro componentes do processo de CNV, "expresse sua raiva plenamente" como se estivesse se dirigindo à outra parte no momento presente:

- observações (estímulos);
- sentimentos (por trás da raiva);
- necessidades;
- pedidos.

g) Você acha que a outra parte seria capaz de ouvir plenamente os seus sentimentos e as suas necessidades como você expressou no item f? Se não, escreva como você poderia expressar empatia pelo que ela pode estar sentindo e necessitando.

h) Use os quatro componentes da CNV para se expressar neste exato momento:

"Depois de concluir o exercício sobre raiva,

eu sinto _____

porque eu _____

e gostaria que _____ (pode ser um pedido para si mesmo)."

i) Que parte desse processo foi fácil ou difícil para você? Por quê?

2 Divida uma folha de papel em duas colunas. Em uma delas, liste os julgamentos sobre outras pessoas que passam com mais frequência pela sua cabeça, usando a dica: "Não gosto de pessoas que são...". Para cada julgamento, pergunte a si mesmo: "Quando eu faço esse julgamento sobre uma pessoa, o que estou necessitando que não está sendo atendido?" Escreva a necessidade na outra coluna.

3 Da próxima vez que você perceber que está sentindo raiva, veja a tabela no apêndice 4, "Pare de ser sabotado pela raiva!". Experimente prosseguir com o processo, observando com atenção seus

EXERCÍCIOS DE COMUNICAÇÃO NÃO VIOLENTA

próprios pensamentos e sentimentos e anotando nas colunas o que observa e o que encontra no seu coração e na sua mente.

Guia do facilitador

Para a maioria de nós, o processo completo de "expressar raiva plenamente" costuma requerer tempo. Não é um processo de desabafar pelo uso verbal dos quatro componentes da CNV. Não é recomendado que os participantes usem esta sessão como uma oportunidade de dirigir sentimentos de raiva uns aos outros com a expectativa de passar por todas as etapas de imediato e chegar a um espaço transformado no coração, embora certamente possa acontecer. Em vez disso, no círculo de hoje, tente introduzir sessões de empatia mais longas para todos que estiverem sentindo raiva, de forma que possam ser ouvidos e apoiados no processo de "expressar raiva plenamente". Além das sessões de empatia, oriente os participantes a compartilhar respostas para os itens da prática individual. Você pode usar o apêndice 4, "Pare de ser sabotado pela raiva!", para mapear o processo. A atividade a seguir é oferecida para a prática adicional de identificação de pensamentos "deveria" e sua tradução em necessidades.

Atividade 1: Identificar pensamentos "deveria"

Aqui vai uma lista de pensamentos e imagens de raiva. Para cada um, determine:

A Quais são alguns dos pensamentos "deveria" associados a eles?

B Que necessidade(s) não atendida(s) há por trás?*

---

* É importante reforçar que este exercício tem o objetivo de compreender as nossas necessidades diante dos "deveria" que surgem a cada exemplo. Esse movimento não significa concordar com a afirmação colocada nestas frases ou com as atitudes descritas aqui. [N. R. T.]

10. EXERCÍCIOS PARA O CAPÍTULO: EXPRESSAR A RAIVA PLENAMENTE

1. "Os professores não têm o direito de mandar em nós."
2. "Bárbara é muito preguiçosa. Ela teve mais tempo do que todo mundo para concluir a parte dela do projeto. Agora todos nós temos que pagar por isso."
3. "Não se atreva a levantar a voz quando estiver falando comigo!"
4. "Que diabos faz eles pensarem que são tão melhores do que o resto de nós?"
5. "Nike, Starbucks e todas aquelas multinacionais ricas merecem ter suas vitrines quebradas!"
6. "Não suporto esse jeito dela de falar, tão doce, como se realmente se importasse com algum de nós."
7. "Seu pervertido!"
8. "Não acredito que ele está me cobrando pela carona! Quantas milhões de vezes dei carona para ele e os irmãos quando eram crianças, sem cobrar nada!"
9. "Você é tão insensível — nem percebeu que eu estava mancando a noite toda?"
10. "Idiota!"

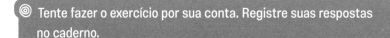
Tente fazer o exercício por sua conta. Registre suas respostas no caderno.

Exemplos de respostas para o guia do facilitador

Respostas para a atividade 1:
Identificar pensamentos "deveria"

Identificar pensamentos "deveria" e possíveis necessidades por trás deles.

1. Pensamentos "deveria": *Os professores não deveriam mandar em nós. Os professores deveriam nos tratar de maneira diferente*. Necessidades: autonomia, compreensão.

EXERCÍCIOS DE COMUNICAÇÃO NÃO VIOLENTA

2 Pensamentos "deveria": *Bárbara deveria fazer a parte dela. Ela não deveria fazer todos nós pagarmos por isso.* Necessidades: consideração, confiabilidade.

3 Pensamentos "deveria": *Você não deveria levantar a voz quando fala comigo. Deveria falar com gentileza.* Necessidades: respeito, segurança.

4 Pensamentos "deveria": *Eles não deveriam ser tão arrogantes. Deveriam saber que não é assim.* Necessidades: compreensão, respeito.

5 Pensamentos "deveria": *Eles deveriam sofrer porque fazem outras pessoas sofrerem. Não deveriam enriquecer explorando as pessoas.* Necessidades: mutualidade (a necessidade de equilíbrio, dar e receber em partes iguais), compaixão.

6 Pensamentos "deveria": *Ela deveria ser real. Não deveria ser tão hipócrita.* Necessidades: autenticidade, confiança.

7 Pensamentos "deveria": *Você não deveria pensar ou fazer aquilo. Deveria se comportar com responsabilidade.* Necessidades: segurança, respeito.

8 Pensamentos "deveria": *Ele não deveria me cobrar. Deveria se lembrar de quantas vezes dei carona para ele.* Necessidades: apoio, mutualidade.

9 Pensamentos "deveria": *Você deveria ter notado que eu estava mancando. Não deveria ter sido tão insensível.* Necessidades: atenção, visibilidade.

10 Pensamentos "deveria": *Você deveria ter mais noção. Não deveria dizer coisas tão idiotas.* Necessidades: consideração, compreensão.

> Analise os exemplos de respostas, observando como são semelhantes às suas ou diferentes delas. O que você nota sobre essas diferenças? Como modificaria as suas respostas depois de analisar estas?

Exercícios para o capítulo: **11**
Mediação e solução de conflitos

Tarefas individuais

Revisão de leitura

1 Quando se aplica a CNV para resolver conflitos, qual é o elemento crítico sem o qual nenhuma das outras etapas de CNV seriam eficazes?

2 Explique a distinção entre "satisfação" e "concessão" em termos da proposta da CNV para resolução de conflitos.

3 De que maneiras a mediação baseada em CNV difere das práticas convencionais de mediação?

4 Quais são as cinco etapas relacionadas neste capítulo para a aplicação de CNV na resolução de conflitos?

5 Defina as palavras "necessidade" e "estratégia" como usadas em CNV.

6 Em uma situação de conflito, por que é extremamente importante que ambas as partes envolvidas sejam capazes de substituir a análise por expressões claras de necessidade?

7 Qual é o papel da empatia na mediação de conflitos?

8 Qual era a necessidade de cada cônjuge em relação ao duradouro conflito entre eles sobre o talão de cheques?

9 Que três aspectos do uso de linguagem Marshall enfatiza para grupos que exploram estratégias durante a etapa final do processo de resolução de conflitos?

10 Como Marshall distingue a "linguagem de ação" da "linguagem de inação"?

11 Por que Marshall prefere o uso de "linguagem de ação" a "linguagem de inação"?

12 O que podemos ouvir quando alguém diz que não atenderá ao nosso pedido?

EXERCÍCIOS DE COMUNICAÇÃO NÃO VIOLENTA

13 Como você descreveria o papel de um mediador em CNV?

14 Que dicas e sugestões Marshall nos oferece se estivermos mediando entre partes conflitantes?

15 Quando o autor viu uma mãe batendo no filho pequeno, seu primeiro movimento foi empatizar com a mãe. Por quê?

Prática individual

Investigar a nossa disposição para conectar

Marshall ressalta que a "disposição para estabelecer uma conexão humana" na resolução de conflitos é o mais importante, e "faz funcionar todas as outras etapas da CNV".

1 Identifique alguém com quem você experimenta conflito atualmente. (Se não tiver conflitos atuais, use um do passado.)

2 Alcance a quietude respirando algumas vezes de maneira consciente ou prestando atenção nas sensações físicas do seu corpo. Perceba qualquer aumento ou mudança na calma ou quietude interior.

3 Depois de dois minutos de quietude, traga à mente a pessoa que você identificou antes. Experimente fechar os olhos enquanto a convida a entrar na sua consciência. Mantenha-se muito consciente dos seus sentimentos e das suas sensações físicas enquanto a observa mentalmente: note a aparência dela, o gestual ou a expressão; que cheiro tem ou como se porta; o som da voz; ou a qualidade da energia de sua presença. Não tenha pressa.

4 Depois de desenvolver uma noção da pessoa como a percebe em seu mundo interior, pergunte a si mesmo se existe disponibilidade para estabelecer uma conexão humana com ela: "Estou disposto a me relacionar com ela como um ser humano com quem tenho sentimentos e necessidades em comum?" Estou disposto a ouvir e receber plenamente os senti-

11. EXERCÍCIOS PARA O CAPÍTULO: MEDIAÇÃO E SOLUÇÃO DE CONFLITOS

mentos e as necessidades dela? Eu me importo com que suas necessidades sejam atendidas assim como me importo com que minhas próprias necessidades sejam atendidas?"

NOTA: Por mais que a sua resposta seja sim, não, ambivalente, confusa, vacilante ou complexa, tente receber o que surgir sem julgamento. Estamos nos dedicando a uma investigação da verdade — nossas próprias verdades subjetivas. Honramos a nós mesmos e às nossas necessidades abandonando temporariamente julgamentos e preferências sobre como devemos ser, sentir ou pensar.

5 Existe disponibilidade para estabelecer uma conexão humana com essa pessoa? Se a sua resposta for sim, siga para o item a. Se a sua resposta for não, siga para o item b. Se a sua resposta for sim e não, ou nenhum dos dois, veja o item c.

a) Sim

   i. Deixe-se permanecer na experiência do sim. Imagine-se de frente para a pessoa expressando o seu sim sincero: "Sim, estou aberto a ouvir e receber plenamente seus sentimentos e suas necessidades. Sim, eu me importo com que suas necessidades sejam atendidas assim como me importo com que minhas próprias necessidades sejam atendidas. Sim, nós compartilhamos de uma humanidade comum, com os mesmos sentimentos e necessidades. Sim".

   ii. Perceba o que sente no corpo e na mente ao se fixar nessa experiência de sim. Fique com isso pelo tempo que for capaz, abrindo-se e relaxando na sensação que está experimentando neste momento.

Quando praticamos para estar cada vez mais familiarizados com o lugar do sim, ele pode servir de âncora no meio do conflito, mesmo quando — apesar das melhores intenções —

EXERCÍCIOS DE COMUNICAÇÃO NÃO VIOLENTA

nossa disposição essencial para conectar ainda pode ser sabotada por julgamentos e imagens inimigas do outro. Mesmo no meio de uma interação dura e acalorada, conseguimos retornar de novo e de novo para o contato com o lugar familiar do sim e renovar a nossa intenção de nos conectar de humano para humano.

Por meio dessa prática, também aumentamos a nossa capacidade de reconhecer a presença ou a ausência (às vezes sutil) da disponibilidade para estabelecer uma conexão humana. Sem essa habilidade, é fácil fazer mau uso do modelo de etapas de resolução de conflitos em CNV como se fossem técnicas para conquistar comportamentos que queremos da outra parte

b) Não

Sem treinar para responder de maneira diferente, a maioria de nós tende a manter pensamentos que nos impedem de nos sentir plenamente abertos para alguém cujo comportamento desencadeia aflição em nós. É importante reconhecer honestamente o não em nós — a nossa falta de disponibilidade para conectar — e evitar julgar a nós mesmos por essa reação muito comum e humana.

i. Em alguns casos de conflito, "desejamos" poder sentir a disponibilidade para receber plenamente a outra pessoa. "Desejamos" ser abertos para ouvir suas necessidades; "desejamos" poder nos importar com que suas necessidades sejam atendidas da mesma forma como nos importamos com que nossas próprias necessidades sejam atendidas.

Dedique alguns minutos de silêncio para verificar se existe esse desejo quando você pensa na pessoa que identificou.

‣ Se não, passe para a seção "b.ii" deste exercício.

‣ Se notar esse desejo, verifique quanto esse anseio de sentir-se aberto para a outra pessoa é sutil ou

11. EXERCÍCIOS PARA O CAPÍTULO: MEDIAÇÃO E SOLUÇÃO DE CONFLITOS

intenso. Em que lugar do corpo ou da mente você o experimenta? Existem emoções emergindo? Se sim, que necessidades subjacentes estão sendo atendidas ou não? Permaneça com isso por um tempo e veja o que pode aprender sobre si mesmo e o seu "desejo" de experimentar a disponibilidade para conectar.

ii. Em outras instâncias de conflito, nem sequer "desejamos" sinceramente nos conectar com a pessoa com quem estamos em conflito. Não sentimos nenhum desejo de recebê-la plenamente, não nos importamos com as necessidades dela e não queremos perceber a humanidade compartilhada entre ela e nós.

Permita-se permanecer alguns instantes com essa consciência. Observe quaisquer sentimentos que surgirem. Quais são as sensações físicas nesse momento? Conecte-se de maneira compassiva com si mesmo, explorando as necessidades — talvez camadas de necessidades — por baixo dos sentimentos. Encontre o sim por trás do seu não: a que você está dizendo sim que o impede de querer se conectar francamente com a outra parte? Por exemplo, você pode encontrar uma necessidade de segurança, um anseio por respeito ou uma forte noção da importância de integridade. Identifique as necessidades por trás da sua relutância em se conectar.

Essa compreensão influencia como você vai seguir em frente para abordar o conflito? Se sim, como?

c) Sim e não, ou nenhum dos dois

Em tempos de conflito, podemos notar frequentemente, quando somos honestos com nós mesmos, que a nossa disposição para permanecer abertos e ouvir plenamente a outra parte muda ou flutua. Conheça essa experiência

EXERCÍCIOS DE COMUNICAÇÃO NÃO VIOLENTA

de ambivalência ou vacilação. Tome seu tempo para se conectar com a variedade de sentimentos que aparecem, tendo paciência para tocar cada um e conectar-se com a necessidade ou as necessidades por trás deles. Depois, retorne aos itens a e b, envolvendo-se com aquelas partes que ressoam para você.

Empatizar com o outro lado

Identifique alguém com quem você sente conflito e com quem se sente aberto para uma conexão de coração para coração. (Pode ser a mesma pessoa que você focou na seção "Investigar a nossa disposição para conectar", na página 158.)

Escreva uma lista de várias declarações que essa pessoa faz (ou poderia fazer) no conflito.

Então:

- Leia cada declaração da maneira como você imagina que a pessoa poderia dizer.
- Perceba a sua reação interna. Verifique se está disposto a tratar a felicidade e a satisfação dessa pessoa como iguais às suas.
- Empatize com cada declaração conectando-se com as necessidades por trás das palavras da pessoa. Faça uma pausa para empatizar em silêncio ou, se quiser oferecer empatia verbal, escreva as palavras abaixo da declaração da pessoa.

Manifestar necessidades e estratégias

No conflito que você identificou na prática anterior, reflita sobre as suas necessidades. Tome seu tempo para estar com cada necessidade e permita-se sentir as emoções e sensações que surgirem.

Depois de ter se conectado com todas as necessidades que esse conflito traz à tona, imagine algumas possíveis estratégias para apresentá-las à outra parte.

11. EXERCÍCIOS PARA O CAPÍTULO: MEDIAÇÃO E SOLUÇÃO DE CONFLITOS

Escreva:

- as necessidades que identificou;
- as palavras que usaria para manifestar essas necessidades para a outra parte; e
- seus pedidos a ela, representando estratégias que poderiam atender tanto às suas necessidades quanto às da outra pessoa.

Praticar em tempo real

Aplique suas habilidades de resolução de conflitos a uma situação real em sua vida abordando a outra parte. Escolha entre aquela com quem esteve trabalhando nas práticas anteriores ou outro conflito em que sente disponibilidade para se conectar com a outra parte de humano para humano.

Analise a seção "Etapas da solução de conflitos pela CNV — Um breve resumo". Aborde a outra parte verificando se ela está disposta a se envolver com você para resolver o conflito. Se a pessoa estiver aberta a isso, manifeste gratidão pela disponibilidade dela e combinem um horário e um lugar para abordar o conflito. Relembramos Marshall nos incentivando em cada etapa a interagir de maneiras que reflitam holograficamente os valores que a CNV é planejada para apoiar.

Se você tem um companheiro de CNV, faça antes um *role-play* da situação e analise-o para ressaltar o que aprendeu. Se você se descobrir precisando de empatia, faça um pedido direto por empatia, mas se abstenha de envolver seu companheiro de CNV em histórias, análises, piedade etc.

Interferir para mediar um conflito

Situação prática: você é pai e vê sua filha de 6 anos correndo para o irmão mais velho. Ele se afasta caminhando enquanto ela grita: "Pede desculpas, pede desculpas! Você *tem* que pedir desculpas!"

EXERCÍCIOS DE COMUNICAÇÃO NÃO VIOLENTA

1 Escreva como você responderia em cada um dos cenários a seguir:
O irmão para de repente, vira para trás, olha para a irmã e diz:

Cenário 1: "Sabe, eu nem imagino por que você está tão brava"
Sua resposta (as primeiras palavras que você diria e para quem):

Cenário 2: "Você acha mesmo que pode me *fazer* pedir desculpas?"
Sua resposta (as primeiras palavras que você diria e para quem):

Cenário 3: "Saia de perto de mim, pirralha! Você sabe muito bem que foi você que começou, então, cale a boca!"
Sua resposta (as primeiras palavras que você diria e para quem):

2 Se as suas respostas para as três situações são diferentes, descreva a(s) diferença(s) e seu(s) motivo(s) para uma escolha específica.

Guia do facilitador

Se existe um conflito em seu grupo, esta sessão pode fornecer uma oportunidade para praticar em tempo real. Assegure-se de que todos os membros do grupo — não só as partes em conflito — estejam dispostas a dedicar tempo do grupo para isso. Decidam como grupo se as duas partes pretendem solucionar o conflito com ou sem mediação dos demais.

Além de analisar os passos da resolução de conflito (e, se for desejado, o papel do mediador), veja os lembretes da parte III, "Praticar em grupo", seção H, "Acolhendo o conflito", na página 60.

11. EXERCÍCIOS PARA O CAPÍTULO: MEDIAÇÃO E SOLUÇÃO DE CONFLITOS

Crie uma abertura formal para o processo de resolução de conflito pedindo a cada pessoa presente que articule sua intenção. Termine com um resumo que convide ao *feedback* de todos, incluindo os membros que estavam observando o processo. Crie um encerramento formal reconhecendo e apreciando o esforço feito pelo grupo para perceber intenções pacíficas.

Se o grupo não tem um conflito vivo com o qual trabalhar, proporcione a prática oferecendo uma ou as duas atividades estruturadas a seguir.

Atividade 1: Cenários de conflito 2

Forme pequenos grupos de duas a quatro pessoas. Cada grupo vai descrever um possível conflito, e então criar três cenários diferentes de como o conflito poderia se expressar. Esses cenários serão usados na segunda parte desta atividade como material de prática para outro grupo.

Parte A: Criar cenários de conflito (20 minutos)

1. Em seu pequeno grupo, analise como vocês responderam aos cenários descritos em "Interferir para mediar um conflito", nas páginas 163-164. Como o pai poderia ter mediado os cenários de um jeito diferente?
2. Escolha um conflito real ou imaginado entre duas pessoas. Em uma folha de papel, descreva o conflito em, no máximo, duas frases. Tente usar a linguagem de observação da CNV para identificar as partes conflitantes, seu relacionamento e a situação.
   Exemplo: "Um casal de idosos está se vestindo para sua festa de 60 anos de casamento. Um deles pede ao outro que use determinada roupa, mas o cônjuge responde que não."
3. Agora crie três cenários que esse conflito pode gerar. Restrinja o diálogo a apenas duas falas.

Exemplo de três cenários:

Cenário 1
CÔNJUGE A: "Se você não usar esta roupa na festa hoje, quando vai ter outra chance de usá-la nesta vida?" (Suspiro...)
CÔNJUGE B: "Como assim? O que faz você pensar que eu vou morrer tão cedo?"

Cenário 2
CÔNJUGE A: "Eu gostaria muito que você vestisse alguma coisa que me fizesse feliz neste dia especial."
CÔNJUGE B: "Por que *você* não veste alguma coisa que faria *você* feliz?"

Cenário 3
CÔNJUGE A: "Você obviamente não se importa com quanto tempo e dinheiro eu gastei encomendando aquele tecido e mandando fazer a roupa especialmente para você."
CÔNJUGE B: "Mas eu não pedi para você fazer isso."

Abaixo da descrição do conflito que você escolheu, coloque os números 1, 2 ou 3 sobre cada um dos seus três cenários, conforme o exemplo anterior.

Escreva a situação de conflito e seus três cenários em uma folha de papel. Numere os cenários 1, 2 e 3.

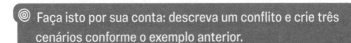
Faça isto por sua conta: descreva um conflito e crie três cenários conforme o exemplo anterior.

Parte B: *Role-play* de resolução de conflito (20 minutos)
Depois que os grupos trocarem os papéis, cada grupo vai praticar com o conflito descrito no papel que cada um recebeu. Os membros se revezam escolhendo um cenário com a intenção de

11. EXERCÍCIOS PARA O CAPÍTULO: MEDIAÇÃO E SOLUÇÃO DE CONFLITOS

fazer o *role-play* de uma situação. Se só há duas pessoas no grupo, o *role-play* vai consistir nos dois cônjuges no conflito. Se há mais de duas pessoas, é a oportunidade de praticar tanto como um dos cônjuges quanto como um mediador. Comece cada *role-play* com cônjuge A e cônjuge B lendo suas falas conforme estão escritas.

> Para cada cenário que você criou, imagine o cônjuge A respirando fundo depois de ouvir a resposta do cônjuge B. Suponha que, na pausa, o cônjuge A decida continuar a troca incorporando CNV para solucionar o conflito. Escreva o que o cônjuge A poderia dizer em seguida.

Parte C: Devolutiva

Reúna o grupo todo. Cada pequeno grupo vai declarar o conflito em que trabalhou. Um membro que trabalhou com um cenário específico vai ler a troca inicial entre cônjuge A e cônjuge B, e depois compartilhar as necessidades que foram descobertas durante o *role-play*. Depois que cada pequeno grupo tiver contribuído, abra espaço para perguntas, dificuldades e *insights* a que podem ter chegado durante as partes A ou B dessa pequena atividade de grupo.

Atividade 2: Role-play de conflito

1 Permita 30 minutos para cada *role-play*. Se possível, forme pequenos grupos de três ou quatro pessoas para que haja mais oportunidade de prática ativa. Forneça um maço de folhas de papel (cortados em cerca de 10 x 12 cm) e um marcador grosso para cada grupo.

2 Os membros em cada grupo determinam quem vai assumir os papéis a seguir:

EXERCÍCIOS DE COMUNICAÇÃO NÃO VIOLENTA

PAPEL A: Protagonista. O protagonista escolhe um conflito onde sente uma disponibilidade para se conectar de coração para coração com a outra parte.

PAPEL B: A outra parte.

PAPEL C: Guardião do tempo.

PAPEL D: Escriba. (Se só há três pessoas no grupo, o guardião do tempo também atua como escriba.)

O protagonista e a outra parte estão sentados frente a frente na mesma altura.

3 O protagonista delineia o conflito abordando a outra parte e determina:

- o relacionamento deles, por exemplo, "Sou uma costureira e você é minha cliente";
- o conflito, por exemplo, "Você me pediu para encurtar o seu vestido. Eu dediquei várias horas a esse trabalho. Agora você está me dizendo que ficou muito curto e que não vai pagar pelo meu trabalho".

NOTA: Cuide do tempo do grupo reduzindo ao mínimo os detalhes relacionados à "história do que aconteceu".

4 O protagonista começa o *role-play* aplicando as etapas de CNV para solucionar o conflito. Antes de falar, verifica, em silêncio, a disponibilidade de conectar-se com a outra parte com sinceridade.

5 Sempre que qualquer parte sente que uma necessidade sua foi ouvida pela outra parte, levanta a mão. O escriba então anota a necessidade em uma palavra, em letras grandes, e coloca o papel no chão na frente da pessoa. Muitas necessidades podem ser identificadas pelas duas partes durante a conversa.

11. EXERCÍCIOS PARA O CAPÍTULO: MEDIAÇÃO E SOLUÇÃO DE CONFLITOS

NOTA: O *role-play* termina quando ambas as partes chegarem a um acordo sobre uma estratégia que atenderia às suas necessidades e estiverem satisfeitas com a resolução do conflito.

6 Depois de dez minutos, se o *role-play* ainda estiver em andamento, o guardião do tempo dá um sinal para que os dois participantes troquem de papéis e de assentos. O protagonista assume o papel da outra parte.
O grupo todo faz uma pausa silenciosa e olha para as palavras diante de cada parte, no chão. O novo protagonista verifica a disponibilidade sincera de conectar-se. Qualquer uma das partes pode começar a falar a partir do novo papel que está representando.

7 Depois de uns cinco minutos, o guardião do tempo dá um sinal para que as duas partes retornem aos seus papéis e assentos originais. De novo, ambas verificam, no papel colocado no chão, as necessidades que foram identificadas. O protagonista observa se há disponibilidade para conectar-se plenamente antes de dedicar os últimos cinco minutos à conclusão do *role-play*.

8 O guardião do tempo sinaliza o fim do *role-play*. O grupo faz a devolutiva, começando pelo protagonista. Reflete sobre o que aprendeu, o que foi desafiador, o que poderia ter sido feito de maneira diferente, e se mais prática (e de que tipo) daria sustentação às competências desenvolvidas nesta prática.

Exemplos de respostas para a prática individual

Respostas para a prática individual: Interferir para mediar um conflito

Cenário 1

1 Falando com a filha: "Você está muito aborrecida e precisa ser ouvida sobre o que está acontecendo com você?"

EXERCÍCIOS DE COMUNICAÇÃO NÃO VIOLENTA

Cenário 2

2 Falando com o filho: "Você quer deixar claro que é você quem decide o que diz ou não diz? Está disposto a ouvir o que está incomodando a sua irmã?"

Cenário 3

3 Falando com ambos os filhos: "Vocês dois se sentem muito frustrados e querem que o lado de cada um seja ouvido?"

Exemplos de respostas para o guia do facilitador

Respostas para a atividade 1: Identificar pensamento "deveria", parte A-3

Cônjuge A, próxima fala — Cenário 1

1 "Parece que você está aborrecido e talvez queira entender por que eu disse o que disse."

Cônjuge A, próxima fala — Cenário 2

2 "Hum, eu me pergunto se você quer que todo mundo se responsabilize pela própria felicidade..."

Cônjuge A, próxima fala — Cenário 3

3 "Você quer que fique entendido que isso foi escolha minha? Sim, concordo, foi escolha minha comprar esta roupa para você. E eu me pergunto se você se dispõe a ouvir alguns sentimentos que me surgem em relação a isso."

Exercícios para o capítulo: O uso da força para proteger

Tarefas individuais

Revisão de leitura

1. Em que circunstâncias podemos escolher usar a força?
2. Identifique as diferenças entre o uso protetor e o uso punitivo da força em termos de:
   a) intenções por trás do uso da força;
   b) suposições sobre por que os seres humanos cometem erros e como acontece a correção.
3. Que preocupação em particular o autor ressalta em relação ao uso de castigo físico em crianças?
4. Que outras formas de punição são mencionadas, além do castigo físico?
5. Quais são as prováveis consequências negativas quando usamos punição como uma maneira de motivar as pessoas a mudarem seu comportamento?
6. Em vez de punir, o que o autor sugere fazer com crianças que estão machucando outras?
7. Que duas perguntas devemos fazer primeiro a nós mesmos, quando ameaçamos castigar alguém a fim de obrigar essa pessoa a fazer o que queremos?
8. Quais são algumas das forças motivadoras comuns para que as crianças limpem o próprio quarto? Quais são alguns dos valores aos quais os pais muitas vezes querem que os filhos respondam quando essas crianças limpam o quarto?
9. Qual é o nível de desenvolvimento moral que a CNV estimula?
10. A que o autor atribui o sucesso da "sala de não fazer nada"?

EXERCÍCIOS DE COMUNICAÇÃO NÃO VIOLENTA

Prática individual

1 Você se lembra de um incidente em que usou a força como "proteção"? Que elementos estavam presentes e o levaram a definir seu uso da força como "protetor" nessa situação? Você consegue imaginar uma situação semelhante na qual tenha se qualificado como "punitivo"? Se sim, que diferenças percebe entre as duas situações?

2 Você se lembra de ter feito alguma coisa que causou mal e de que agora se arrepende?

a) O que acha que levou você a fazer o que fez?

b) Seu comportamento é consequência de ser mau (devido à maldade humana, incluindo fraqueza de vontade)? É consequência de ignorância (incluindo falta de habilidade para viver de acordo com valores e intenções)? Ou é outra coisa?

c) Se você acredita que (assim como outros seres humanos) você se comporta por "maldade", como poderia corrigir essa "maldade"?

d) Se você acredita que as pessoas se comportam por "ignorância", que tipo de processo corretivo recomendaria?

3 Como você poderia apelar para que o sistema correcional nacional passe do uso punitivo para o uso protetor da força? Para os que estão encarcerados: você é capaz de basear esse apelo em suas próprias experiências?

4 Para aqueles que estão em papéis parentais: escreva cinco coisas que gostaria de ver seus filhos fazerem (ou fazerem com mais frequência). Ao lado de cada item, escreva qual você quer que seja o motivo para que eles façam isso.

5 O exercício a seguir conduz você pelo processo de "luto em CNV", e é uma extensão da sua prática na tarefa 9. Ele aborda como podemos encarar os nossos erros e superá-los de um jeito que não é orientado para a punição (incluindo a punição de nós mesmos por culpa e vergonha).

12. EXERCÍCIOS PARA O CAPÍTULO: O USO DA FORÇA PARA PROTEGER

a) Quando você se lembra de ter causado mal no incidente mencionado antes (item 2), o que diz a si mesmo sobre o que fez?

b) Verifique se, no item a, estava falando com si mesmo em CNV. Se não, traduza o que escreveu usando os quatro componentes:

- *Quando eu me lembro de* (a sua observação sobre o que fez) _____,
- *sinto* _____,
- *porque preciso* (ou *valorizo*) (ou: *isso não atende à minha necessidade de*) _____,
- *e gostaria de pedir a mim mesmo* _____.

Exemplo:

- Quando eu me lembro de ter dito ao meu filho pequeno: "Você tem que ir à escola, gostando ou não!",
- sinto angústia,
- porque valorizo compreensão e apoio.
- Meu pedido a mim mesmo é escrever as palavras que teria gostado de dizer a ele, e colocá-las no espelho do banheiro para me ajudar a lembrar como empatizar da próxima vez.

c) Agora, volte ao momento em que tomou a atitude de que se arrepende. Relembre as circunstâncias daquele momento — tanto externas (o que estava acontecendo lá) quanto internas (o que estava acontecendo dentro de você). Empatize com a pessoa que você era (quem tomou a atitude de que você se arrepende agora):

- Quando eu (vi, ouvi, lembrei...) _____,
- senti _____,
- porque necessitava _____.
- A estratégia que escolhi para atender às minhas necessidades (citadas) foi _____ (a atitude de que você se arrepende agora).

EXERCÍCIOS DE COMUNICAÇÃO NÃO VIOLENTA

Exemplo:
- ‣ Quando eu ouvi o meu filho dizer: "Mamãe, eu não vou à escola amanhã, nem nunca mais!",
- ‣ senti medo e desespero,
- ‣ porque valorizo a educação e a autossuficiência (precisava saber que ele estava desenvolvendo as competências com que poderia ter uma vida independente, produtiva).
- ‣ A estratégia que escolhi para atender às minhas necessidades (citadas) foi dizer: "Você tem que ir à escola, gostando ou não!"

Guia do facilitador

Este capítulo pode estimular questões relacionadas às teorias do comportamento humano e suas aplicações e consequências sociais. Como facilitador, centre-se e também limite essas discussões, definindo as questões específicas que são levantadas e estipulando um tempo limitado. Se discordâncias começarem a ganhar corpo, use a oportunidade para incentivar a prática de ouvir, refletir e desacelerar.

Continue com as atividades práticas que seu círculo desenvolveu nos últimos meses. Se você ainda não incorporou a prática de *role-play* ao seu repertório, reveja as "Sugestões para estruturar um *role-play*" neste livro de exercícios.

Atividade 1: Episódio no pátio da escola

O episódio a seguir envolvendo culpa e punição em um ambiente institucional é oferecido à consideração do grupo.

No pátio da escola
1 Alguma coisa acontece.
2 Outra coisa acontece.

12. EXERCÍCIOS PARA O CAPÍTULO: O USO DA FORÇA PARA PROTEGER

3   Outra coisa acontece.
4   A criança A dirige-se à criança B com um termo depreciativo.
5   A criança B então chama a criança A de um nome depreciativo.
6   A criança A procura a professora e diz: "Ele me xingou".
7   A professora diz à criança B: "Não toleramos violência em nossa escola. Você vai passar o resto do dia na sala da diretoria".

Na manhã seguinte
8   Os pais da criança B telefonam para a diretora: "Foi isso que aconteceu com nosso filho. Queremos um pedido de desculpas da professora e da escola por esse tratamento injusto".
Escreva uma fala de empatia para cada uma das pessoas a seguir:
a) a criança A
b) a criança B ao ouvir as palavras da criança A
c) a professora
d) a criança B quando é mandada à sala da diretoria
e) os pais da criança B
f) a diretora

Agora imagine que cada pessoa recebeu a fala de empatia que você escreveu da pessoa relacionada abaixo dela. Como acha que essa cadeia de acontecimentos poderia ter sido diferente?

 Experimente fazer esse exercício por sua conta.

Exemplos de respostas para o guia do facilitador

Respostas para a atividade 1: Episódio no pátio da escola

NOTA: Os exemplos de falas de empatia a seguir expressam apenas sentimentos e necessidades. Não há solicitações. As solicita-

175

EXERCÍCIOS DE COMUNICAÇÃO NÃO VIOLENTA

ções surgirão apenas depois que a pessoa tenha recebido empatia adequada (por meio de uma série de interações empáticas) e esteja pronta para abordar soluções para a situação.

a) (para a criança A:) "Você se sente frustrada porque gostaria que todos fossem incluídos no jogo?"

b) (para a criança B:) "Está aborrecida porque precisa de mais respeito?"

c) (para a professora:) Está preocupada porque quer ver respeito por todas as pessoas sendo ensinado e demonstrado nesta escola?" (A necessidade universal aqui é de respeito.)

d) (para a criança B:) "Você se sente aborrecida porque queria ser entendida em relação ao que aconteceu?"

e) (para os pais da criança B:) "Vocês se sentem desanimados e incomodados porque valorizam integridade e querem ver o mesmo respeito concedido a todas as pessoas?"

f) (para a diretora:) "Você se sente estressada e quer alguma certeza de que isso pode ser resolvido de forma harmoniosa, por meio de compreensão mútua?" (As necessidades universais aqui são de compreensão e harmonia.)

> Analise os exemplos de respostas, observando como são semelhantes às suas ou diferentes delas. O que você nota sobre essas diferenças? Como modificaria as suas respostas depois de analisar estas?

Exercícios para o capítulo:
Conquistar a liberdade e aconselhar os outros

Tarefas individuais

Revisão de leitura

1. Na infância, bem como na vida adulta, todos recebemos mensagens sobre sermos limitados ou "não estarmos à altura". No entanto, muitas vezes não temos consciência dessas mensagens e da dor que elas provocam. Por quê?
2. Que razão histórica Marshall nos dá para a nossa falta de conhecimento em relação a necessidades?
3. Dê exemplos de treinamento cultural que nos impede de conhecer as nossas necessidades.
4. Como podemos libertar a nós mesmos das limitações e da dor geradas pelo condicionamento cultural?
5. De acordo com Marshall, a depressão ocorre porque nós estamos desconectados de _____.
6. Em que Marshall sugere que nos concentremos quando nos deparamos com uma situação desafiadora ou estressante?
7. Como Marshall se libertou de mensagens que provocam raiva ao dirigir em uma estrada?
8. Por que Martin Buber era cético sobre alguém no papel de um psicoterapeuta poder realmente praticar a psicoterapia?
9. Quando aconselhava pessoas angustiadas, em vez de tentar entender o que estava errado com elas, que perguntas Marshall fazia a si mesmo?

EXERCÍCIOS DE COMUNICAÇÃO NÃO VIOLENTA

Prática individual

NOTA: O tempo necessário para o exercício descrito no item 1 é uma semana.

1 Este exercício pede que você se observe durante uma semana. Imagine-se vivendo uma semana típica e perceba onde estão os momentos de grande estresse (por exemplo, sair da cama, dirigir no trânsito, presenciar brigas entre filhos, apresentar uma palestra, ter uma reunião com o chefe, telefonar para a mãe etc.). Ao longo da semana, dê atenção especial ao que você pensa e diz a si mesmo nesses momentos. Se possível, anote as palavras que surgirem em sua cabeça durante a situação.

   a) Posteriormente, no dia ou na semana, analise o que observou de seus pensamentos e diálogos internos. Havia julgamentos sobre você mesmo, a situação ou outras pessoas? Seus pensamentos personificavam outras formas de comunicação alienante da vida? Traduza-os em sentimentos e necessidades.

   b) Pergunte-se: "O que eu realmente quero ver acontecer nessa situação?"

   c) Depois, pergunte-se: "O que eu posso fazer, especificamente, para contribuir para as mudanças que quero ver acontecer?"

2 "Todos aprendemos coisas que limitam a nossa humanidade, seja com pais, professores ou religiosos bem-intencionados, seja com outras pessoas." O que você aprendeu sobre si mesmo na infância (ou ainda está aprendendo) que teve o efeito de limitá-lo como ser humano?

3 "É preciso uma energia e uma consciência enorme para reconhecer esse aprendizado destrutivo e transformá-lo em pensamentos e atitudes que valorizem e assegurem a vida." Se você está interessado em fazer essa transformação, o que

13. EXERCÍCIOS PARA O CAPÍTULO: CONQUISTAR A LIBERDADE E ACONSELHAR OS OUTROS

está fazendo ou poderia fazer para atrair "uma energia enorme" ou "uma consciência enorme" para sua vida?

4 Escolha um conflito interno, de preferência atual:
   a) Escreva o que as vozes do conflito estão dizendo.
   b) Traduza o diálogo usando os quatro componentes da CNV para cada voz.
      (Veja exemplo de diálogo entre a "profissional" e a "mãe responsável" em "Solucionar conflitos internos", neste capítulo do livro.)

5 Que tipo de "ambiente interior" você quer sentir? O que pode fazer para criá-lo?

Guia do facilitador

Para o círculo de hoje, enfatize o tema da conversa interna. Incentive os membros do grupo durante esse tempo juntos para que estejam especialmente alertas às palavras dentro de sua cabeça. É útil que cada pessoa tenha caneta e papel à mão, para anotar partes da conversa interna que surgirem durante a reunião. Ofereça pausas entre as atividades, convidando os que estiverem dispostos a compartilhar o que registraram. Apoie a tradução da conversa interna alienante da vida para a CNV.

Convide o grupo a selecionar atividades para a sessão de hoje. Além das práticas regulares que você já escolheu, considere:

- compartilhar respostas para os itens 1 e 4;
- atividade 1 (a seguir, requer 1 hora): *Role-play* em resposta à pessoa angustiada;
- atividade 2 (a seguir, aproximadamente 20 minutos): Traduzir autodiálogo.

Se houver interesse por psicoterapia e pela análise de outras questões da prática individual, o grupo pode estabelecer um

EXERCÍCIOS DE COMUNICAÇÃO NÃO VIOLENTA

tempo para essas discussões, a fim de garantir oportunidade adequada para a prática real.

Atividade 1: Responder à pessoa angustiada

Prática de *role-play*: Responder em CNV à pessoa angustiada que nos procura com a esperança de alívio (a respeito de problemas que não são pessoalmente relacionados conosco).

1 Escolha parceiros para trabalhar em duplas.
2 Se o número for ímpar, uma pessoa pode servir como guardiã do tempo e observadora. Troque os guardiões do tempo na etapa 8.
3 Decida quem será o parceiro A e quem será o parceiro B.
4 O guardião do tempo pede um minuto de silêncio, durante o qual:
5 O parceiro A lembra de uma situação atual de angústia para a qual procura alívio.
6 O parceiro B se concentra em consciência de CNV, cultivando a receptividade para ouvir:
   a) O que essa pessoa está sentindo?
   b) Do que ela precisa?
   c) Como eu me sinto em resposta a essa pessoa, e quais necessidades minhas estão por trás dos meus sentimentos?
   d) Qual pedido de ação ou de decisão eu faria a essa pessoa por acreditar que isso permitiria que ela vivesse mais feliz?
7 Nos 20 minutos que os parceiros têm para interagir nessa etapa da atividade, a dupla pode se representar (como amigos, praticantes de CNV etc.), ou escolher um papel para o parceiro B que ele possa assumir confortavelmente, por exemplo, capitão de vizinhança solidária, defensor público, professor de crianças, oficial eleito, enfermeiro, conselheiro

13. EXERCÍCIOS PARA O CAPÍTULO: CONQUISTAR A LIBERDADE E ACONSELHAR OS OUTROS

etc. (Esteja consciente de quanto tempo você dedica à escolha desse papel!)

8 Guardião do tempo, indique quando os 20 minutos se esgotarem. Então, dê 10 minutos para que cada dupla conclua seu *role-play* e faça a devolutiva sobre o que observou e aprendeu. Troque o guardião do tempo. Parceiros A e B invertem os papéis, repetindo os passos de 5 a 8.

> ◎ Experimente fazer a atividade 1 como um diálogo interno, desempenhando os dois papéis. Registre seu diálogo no caderno.

Atividade 2: Traduzir autodiálogo

1 Uma pessoa lê em voz alta o autodiálogo a seguir, *lentamente e de maneira expressiva.*

2 Outras pessoas ouvem em busca de sentimentos e necessidades por trás das palavras.

3 Percorrendo o grupo, cada participante tem a oportunidade de traduzir uma fala.

4 Depois de todo o *feedback* ter sido ouvido e discutido, uma pessoa lê o autodiálogo original completo em voz alta mais uma vez, enquanto

5 outro participante segue com uma tradução em CNV que reflita a compreensão e o aprendizado do grupo.

"É revoltante como me empanturrei na festa. Não tenho força de vontade, simplesmente não tenho a menor autodisciplina. Ninguém mais estava comendo como eu. Se eu continuar me comportando desse jeito, o que as pessoas vão pensar de mim? Bem, que direito elas têm de me julgar; deviam cuidar da própria vida... Enfim, eu não deveria estar preocupado com como as pessoas olham para mim. Mereço apreciar o que gosto. O que tem de errado nisso?... Ah, francamente, não seja idiota, pare de se enganar. Você sabe o que tem de errado em se empanturrar..."

> ◎ Experimente fazer a atividade 2 por sua conta. Traduza o diálogo interno negativo para a CNV.

Exemplos de respostas para o guia do facilitador

Respostas para a atividade 2: Traduzir autodiálogo

"Eu me sinto desapontado com a quantidade de comida que ingeri na festa. Desejo poder confiar em mim em relação a ingerir a quantidade de comida que realmente quero comer. Estou preocupado, porque quero ser aceito. Mas, mais ainda, quero ser capaz de me aceitar — independentemente de ser ou não aceito pelos outros. Estou determinado a fazer escolhas que sirvam à minha vida, que me tragam felicidade, em vez de fazer escolhas para acomodar os julgamentos que outras pessoas fazem de mim. Tenho uma necessidade de me aceitar por fazer escolhas que me tragam felicidade. Quero celebrar o meu prazer, saborear a alegria do meu paladar a cada bocado... hum... também quero sustentar a minha escolha de manter a silhueta atual, de comer de um jeito que as consequências disso me tragam alegria. Então, o que eu posso fazer para assegurar a minha felicidade em relação a essas duas necessidades?"

> ◎ Analise esse exemplo de resposta e compare com a sua. O que nota sobre as diferenças?

Exercícios para o capítulo: 14
Fazer elogios na comunicação não violenta

Tarefas individuais

Revisão de leitura

1 De que maneiras elogios e cumprimentos se qualificam como formas de comunicação "alienante da vida"?

2 O que gerentes e professores querem dizer quando afirmam que elogios e cumprimentos "funcionam"? Que reserva Marshall manifesta em relação a essa afirmação?

3 Por que Marshall se preocupa com o uso de *feedback* positivo como um meio de influenciar o comportamento de outras pessoas?

4 Qual é o objetivo de usar CNV para expressar reconhecimento?

5 Que três componentes estão presentes quando manifestamos reconhecimento em CNV?

6 Por que tantas pessoas têm dificuldade para receber reconhecimento sem sentir desconforto?

7 Quando se recebe reconhecimento, que atitude podemos tomar para nos ajudar a evitar arrogância e falsa humildade?

8 Que tipos de resistência Marshall notou em si mesmo para expressar apreço por seu tio Julius?

Prática individual

Cultivar gratidão
No livro *Being peace** [Ser paz], o poeta vietnamita e mestre zen Thich Nhat Hanh escreve:

---

* Thich Nhat Hanh. *Being peace*. Berkeley: Parallax , 2005. [N. E.]

EXERCÍCIOS DE COMUNICAÇÃO NÃO VIOLENTA

Se você for um poeta, verá claramente que há uma nuvem flutuando nesta folha de papel. Sem uma nuvem, não haverá água; sem água, as árvores não podem crescer; e, sem árvores, você não pode fazer papel. [...] E se você olhar mais profundamente [...], verá não só a nuvem e a luz do sol nela, mas que tudo está aqui: o trigo que se tornou pão para que o lenhador comesse, o pai do lenhador — tudo está nesta folha de papel.

Quando a compreensão de interconectividade se transforma em realidade viva, alegria e gratidão brotam de todos os nossos encontros com a vida. A consciência da CNV aprofunda a conexão com a energia da nossa própria vida e com o que valorizamos em cada momento, nos permitindo cada vez mais ver a maneira como a nossa vida e as necessidades que compartilhamos universalmente recebem apoio de tantas direções.

1 Escolha uma refeição para, quando estiver na mesa, contemplar a comida sem presa.
   - O que você vê no prato?
   - Que elementos?
   - A vida (ou o sacrifício da vida) de quem?
   - Mãos, coração, suor, sonhos etc. de quem?

> "Desenvolvemos esse sentimento de interconectividade reconhecendo tudo que é comido em sua forma original — vislumbrando o trigo que compõe o pão, o leite da vaca, a vagem de ervilha. O oceano do peixe. E o sol que alimenta todos eles. Tomamos o sagrado, o germe da vida, como a Eucaristia, com gratidão e respeito."
>
> — Stephen Levine

NOTA: A prática individual 2 tem um mês de duração.

2 Ao longo de um mês, pergunte a si mesmo diariamente: "O que aconteceu nas últimas 24 horas pelo que sou grato?" Isso

14. EXERCÍCIOS PARA O CAPÍTULO: FAZER ELOGIOS NA COMUNICAÇÃO NÃO VIOLENTA

não precisa levar mais do que alguns minutos, mas tente ser consistente na atividade — ou antes ou depois de uma atividade regular em sua vida (por exemplo, sair da cama, no transporte, almoçar, ver o jornal da noite etc.).

3   Pense em alguém que faz parte da sua vida e tenha feito (ou esteja fazendo) alguma coisa que você aprecia. Mande a essa pessoa uma apreciação em CNV: pode ser um bilhete curto ou uma longa carta.

Quando enviá-lo, esteja consciente de se está esperando alguma coisa em troca. (Se quiser alguma coisa em troca, você pode fazer um pedido específico, lembrando-se de incluir os sentimentos e as necessidades por trás do seu pedido.)

4   "Que tipo de apreciação alguém poderia fazer para levar você a pular de alegria?"

5   Em suas interações diárias, pratique traduzir elogios e cumprimentos em observações, sentimentos e necessidades. No início, quando receber um elogio, você pode preferir fazer a tradução internamente. Depois de um pouco de prática, pode estar confiante de que a sua tradução será ouvida como uma celebração conjunta, não como correção ou autoengrandecimento.

Exemplo:

(Depois de ter acabado de fazer uma entrega a um cliente)

a) Interno (para si mesmo):

"Ele me disse 'ótimo trabalho'. Deve estar feliz. Ele está feliz porque eu... espere, qual é a necessidade? Tudo bem, ele está feliz porque vê que toda a mobília chegou na hora e intacta. Suas necessidades de segurança e pontualidade foram atendidas".

b) Externo (interação com outra pessoa):

CLIENTE: "Ei, ótimo trabalho!"

VOCÊ: "Obrigado, você gosta de poder contar com as entregas chegando em segurança e na hora combinada?"

Depois de ouvir as necessidades do cliente que foram atendidas por meio das suas palavras ou atitudes, pergunte a si mesmo: "O que eu estou sentindo agora? E por quê?" Isso é autorreconhecimento: "Eu me sinto eufórico porque atendi às minhas necessidades de contribuir com vida e integridade — fazendo o que eu disse que faria".

Guia do facilitador

Garanta muito espaço para a alegria do reconhecimento na sessão que conclui o livro e o currículo. Tente entremear o tema do reconhecimento em rememoração, *check-ins* e encerramento do círculo.

Atividade 1: Role-play

1 Dedique cinco minutos em silêncio para trazer à mente alguém da sua vida que você aprecia: relembre o que a pessoa fez, como você se sentiu quando ela fez isso e qual necessidade sua foi atendida. (Não é necessário que a pessoa que você escolheu esteja viva.)
2 Escolha alguém para fazer o papel da pessoa e expresse plenamente, em voz alta e em CNV, sua apreciação por ela.
3 Papel de ouvinte: receba a apreciação com empatia. Depois de absorvê-la plenamente, expresse os sentimentos que tiverem surgido em você e de onde eles vieram (isto é, as necessidades por trás deles).

 Tente concluir os itens a e b por sua conta.

Atividade 2: Demonstrar apreciação para alguém no círculo

Isso pode ser intercalado durante a reunião. Combinem o uso de um gesto específico e uma frase como "Tenho uma aprecia-

14. EXERCÍCIOS PARA O CAPÍTULO: FAZER ELOGIOS NA COMUNICAÇÃO NÃO VIOLENTA

ção" para interromper a sessão a qualquer momento, a fim de expressar reconhecimento por alguma coisa que alguém acabou de fazer ou dizer.

> Tente expressar dessa maneira seu apreço por um amigo, membro da família ou colega de trabalho.

(Facilitador, certifique-se de parabenizar a si mesmo e ao seu grupo se não cumprir a agenda de atividades desse dia porque a sessão toda acabou sendo dominada por essas interrupções.)

Atividade 3: Compartilhar a prática individual

Para cada um dos cinco itens listados na prática individual, veja se tem ao menos uma pessoa no círculo disposta a compartilhar o que aprendeu. Se poucas pessoas tiverem feito a atividade 4 em casa, dedique um tempo da sessão para ela. ("Que tipo de apreciação alguém poderia fazer para levar você a pular de alegria?")

Atividade 4: Apreciação de si

Facilitador, dê ao grupo as instruções a seguir:

1 O que você aprecia em si mesmo e por quê?
2 Se há uma qualidade que você aprecia em si mesmo, consegue se lembrar de alguma coisa específica que fez ou disse que ilustre essa qualidade?
3 Quais dos seus valores ou necessidades foram atendidos pelo comportamento ou qualidade que você identificou?
4 Ao reconhecer esse aspecto que aprecia em si mesmo, quais sentimentos você nota?

EXERCÍCIOS DE COMUNICAÇÃO NÃO VIOLENTA

Informe ao grupo que eles têm cinco minutos para pensar sobre as perguntas. Depois de cinco minutos de silêncio, verifique se todos terminaram; se não, dê mais dois minutos para que todos concluam as respostas.

Convide todos a disporem as cadeiras em círculo, de forma que possam ver uns aos outros com facilidade. Explique que, na sequência do círculo, cada pessoa vai expressar autorreconhecimento. Sugira que o grupo faça duas respirações, todos juntos, depois que cada pessoa terminar de falar, e que espere o fim da rodada para fazer qualquer comentário.

No final, peça *feedback* sobre a experiência de reconhecer a si mesmo, expressar esse reconhecimento para os outros e ouvir outras pessoas reconhecerem a si mesmas. Incentive quem fornecer *feedback* a permanecer conectado com necessidades e sentimentos, em vez de analisar a experiência deles:

Expressão habitual: "Considerando que geralmente não jogo confete em mim mesmo em público desse jeito, no começo foi bem estranho, mas depois deduzi que não tinha problema, porque todo mundo estava fazendo isso..."

Expressão em CNV: "No começo eu me senti um pouco, hum, constrangido. Fiquei nervoso, acho que talvez precisando de aceitação, compreensão. Depois, quando percebi que todos nós estávamos fazendo isso, meio que relaxei, e deduzi que podíamos confiar em nós para aceitar uns aos outros — que eu não seria julgado por ser arrogante ou algo assim."

> ◎ Experimente fazer esse exercício por sua conta. Registre suas respostas no caderno.

14. EXERCÍCIOS PARA O CAPÍTULO: FAZER ELOGIOS NA COMUNICAÇÃO NÃO VIOLENTA

Atividade 5: Cultivar gratidão

Uma prática diária de gratidão pode mudar a vida radicalmente. O único recurso necessário são alguns minutos por dia, mas estabelecer qualquer hábito novo exige comprometimento. Temos sorte de contar com um círculo de prática no qual podemos dar e receber apoio a essa intenção.

Facilitador, reveja as instruções para a o item 2 da prática individual. Pergunte se alguém quer assumir o compromisso de tentar essa prática e, em caso positivo, como o restante poderia apoiar essa pessoa. Talvez seja útil que cada membro pense em tempos e locais específicos em que fará esse treinamento, compartilhe essa informação com o grupo e ouça como os outros estão abordando o tema.

Esta pode ser a última reunião do grupo. Um jeito de os membros se apoiarem para continuar essa prática é encontrar um parceiro e usar o *e-mail* para compartilhar alguma coisa que inspire gratidão todos os dias. As mensagens podem ser breves, uma vez que não existe necessidade de explicar o contexto, a história ou quem é quem. O importante é que os parceiros se comprometam um com o outro e façam isso por 30 dias.

Exemplos de possíveis mensagens de *e-mail*:

- "Eu me sinto grato por ter acordado hoje de manhã sem dor de cabeça";
- "Sou grato pela primavera e pela volta do canto dos pássaros no meu quintal";
- "Parei no meio da estrada para ir ao banheiro, e senti gratidão pelas pessoas que limpam os banheiros todos os dias";
- "Hoje, quando cometi um erro, me conectei com as minhas necessidades, em vez de me criticar. A gratidão entrou no meu coração e se espalhou para você, para todos no nosso grupo de prática e para Marshall".

EXERCÍCIOS DE COMUNICAÇÃO NÃO VIOLENTA

Exemplos de respostas para o guia do facilitador

Respostas para a atividade 4: Apreciação de si

1 O que você aprecia em si mesmo e por quê?
"Eu me aprecio quando me percebo pondo em prática uma intenção. Aprecio essa qualidade porque valorizo eficácia: pôr os sonhos em movimento."

2 Se essa for uma qualidade que você aprecia em si mesmo, é capaz de lembrar algo específico que fez ou disse e que ilustra essa qualidade?
"Um exemplo específico pode ser o que eu estou fazendo agora — terminar de escrever este livro de exercícios."

3 Quais dos seus valores ou necessidades são atendidos pelo comportamento ou qualidade que você identificou?
"Essa ação atende não só à minha necessidade de eficácia, mas também às de contribuição e apoio. Quero contribuir com as pessoas que estão aprendendo CNV e, em especial, apoiar aquelas que estão fazendo isso por conta própria."
"E ela também atende à minha necessidade de atividade com significado e propósito, criatividade, desafio e satisfação. E de crescimento e aprendizado. Uau."

4 Ao reconhecer esse aspecto que aprecia em si mesmo, que sentimentos você nota?
"Sentada aqui com a apreciação de mim mesma, tenho consciência de sentimentos de surpresa, alegria, emoção, algo como admiração... Meus olhos são atraídos pela janela, para as montanhas (as mãos ainda no teclado)... Sinto o meu coração transbordar gratidão, em afinidade com os picos brancos e a sensação de que sou parte do mesmo mistério."
"Eu me sinto empolgada por fazer parte da vida, reconhecer os presentes a que tenho acesso. Fico surpresa por estar sentindo tudo isso (Eu comecei a manhã com a intenção de

14. EXERCÍCIOS PARA O CAPÍTULO: FAZER ELOGIOS NA COMUNICAÇÃO NÃO VIOLENTA

escrever um rápido exemplo de resposta para concluir esta parte do livro de exercícios)."

"Também estou percebendo um leve sentimento de humildade: eu realmente pensei que poderia executar mecanicamente as etapas de uma prática de CNV — mesmo sendo uma que eu mesma criei há um ano?"

"E estou sentindo um apreço muito profundo por Marshall e pela CNV, por me trazer de volta muitas e muitas vezes à minha conexão com a vida."

5 Como você se sente por ter se apreciado e manifestado isso em público? Algum *feedback* sobre o processo?

"Eu me sinto um pouco insegura, incerta... talvez vulnerável... precisando confiar que há compreensão e aceitação para o que estou compartilhando publicamente."

"Quanto ao processo, é divertido perceber que escrever este exemplo consumiu duas horas em vez de 30 minutos, mas estou feliz, porque valorizo respostas baseadas em experiência autêntica."

> Depois de ler o exemplo anterior, analise a resposta que registrou no caderno para essa atividade. Veja o processo que usou para apreciar a si e o exemplo anterior. Que semelhanças ou diferenças você nota, e o que aprende com isso?

APÊNDICES

APÊNDICE 1   Sugestões para prática complementar em CNV

APÊNDICE 2   Listas de sentimentos

APÊNDICE 3   Lista de necessidades universais

APÊNDICE 4   Pare de ser sabotado pela raiva!

APÊNDICE 5   Formulário de *feedback* individual

APÊNDICE 6   Formulário de *feedback* de grupo

APÊNDICE 7   Tabela de acompanhamento do processo de CNV

Apêndice 1. Sugestões para prática complementar em CNV

1. Adote uma prática de 14 meses

Muitas pessoas que assumem uma tarefa por semana reconhecem o potencial para um aprendizado mais profundo, se tiverem tempo de se aprofundar nos materiais oferecidos. Isso é especialmente verdadeiro se você for uma pessoa trabalhando sozinha com o material. Se quiser continuar com uma prática mais estruturada depois das 14 semanas, pense em "viver com" o tema de cada capítulo por um mês.

Assim, durante o primeiro mês, a sua intenção seria, diariamente, desenvolver consciência dos momentos nos quais se entregou de coração e dos momentos nos quais se entregou de outra maneira. Faça um registro mental ou escrito com o propósito de revisitar o momento mais tarde, quando se sentir mais confiante de que poderia fazer mais do que dizer "sim" nas situações em que gostaria de dizer "prefiro fazer alguma coisa diferente". O desafio de revisitar o momento pode ser visto como uma oportunidade de aprofundar a sua consciência de CNV. Com o tempo, você vai comemorar sua capacidade de dizer "não" de um jeito que faz os outros ouvirem claramente as necessidades às quais você está dizendo "sim".

Durante o segundo mês, lembre-se todos os dias de estar alerta para mensagens externas e internas que contribuem para a desconexão com sentimentos e necessidades. Perceba as vezes em que ouve ou diz algumas das palavras a seguir: "deveria, preciso, não posso, tenho de, teria que". Esteja consciente dos momentos em que usa manipulação, coerção e punição (ou recompensa) como estratégia para conseguir o que quer, ou quando o seu verdadeiro objetivo por trás de se envolver com

EXERCÍCIOS DE COMUNICAÇÃO NÃO VIOLENTA

alguém é acusar, envergonhar ou induzir à culpa. Mantenha-se alerta para as escolhas que faz em casa e no trabalho e que são motivadas por recompensa extrínseca. Preste atenção aos momentos em que dá ou recebe elogios: "Ah, que ótimo trabalho! Estou muito orgulhoso de você"; "Você é um ótimo filho (mãe, funcionário, aluno, amante, comunicador)". Você está fazendo o que faz para receber elogios e ganhar aprovação? Ou está celebrando um momento em que contribuiu de bom grado para o bem-estar de outra pessoa, ou recebeu de bom grado um presente de alguém?

Durante o terceiro mês, concentre-se em separar as avaliações das observações. Continue assim, centrando-se no tema específico de cada capítulo por um mês inteiro.

2. Reencene encontros insatisfatórios ou confusos

Faça disso uma prática para analisar qualquer interação com outra pessoa (ou com você mesmo!) que, posteriormente, gostaria de ter tratado de maneira diferente. Você pode escrever ou gravar o diálogo da forma como se lembra e identificar os pontos em que se desconectou. (Por exemplo, imagine que ouviu um pai falando com um filho com um tom ou volume de voz de que não gostou. Sua reação imediata pode ter sido culpar o pai por ser tão "desinteressado" ou a criança por ser "uma peste". Ou pode ser um momento da infância, quando ouviu alguém da família recitar o que havia de errado com você.) Use suas habilidades em CNV para traduzir as falas, suas ou de outra pessoa. Lembre-se do que sentiu e do que necessitou, e também do que disse e fez que contribuiu — ou não — para garantir que as suas necessidades fossem atendidas. Quando perceber que está se culpando por não ter se comportado "à maneira da CNV", não deixe de fazer a prática a seguir.

APÊNDICE 1. SUGESTÕES PARA PRÁTICA COMPLEMENTAR EM CNV

3. Pratique empatia por você mesmo

De novo e de novo, sempre que estiver sofrendo, pare para empatizar com si mesmo. Se não conseguir fazer isso na hora, congele e recorte o momento para trazê-lo de volta depois e dar a si mesmo um pouco de empatia tardia. Quando você se tornar mais apto a se oferecer "primeiros socorros com empatia de emergência", o hábito de responder imediatamente a qualquer perturbação entrando em contato com os seus sentimentos e as suas necessidades vai se tornar mais profundo. Para aquelas situações que parecem especialmente perturbadoras ou complexas, dedique um tempo para escrever o seu diálogo interno. Primeiro, dê rédeas soltas à parte em que se expressa com linguagem, pensamentos e imagens habituais. Então, assuma o papel de um ouvinte empático e devolva as observações, os sentimentos, as necessidades e os pedidos para cada uma das declarações do diálogo.

4. Explore outros materiais

O Center for Nonviolent Communication (CNVC) está sempre desenvolvendo novos materiais para apoiar o aprendizado da CNV. Assistir a um vídeo com um amigo (ou grupo de amigos) pode ser um jeito divertido de analisar CNV enquanto constrói para si o apoio de mentalidades semelhantes.

> ◎ Ainda que você esteja escolhendo estudar CNV por conta própria, formar dupla com um "parceiro de CNV" a quem possa pedir ajuda, *feedback* e empatia pode ser uma parte muito satisfatória da sua prática.

Apêndice 2. Listas de sentimentos*

SENTIMENTOS QUE PROVAVELMENTE OCORREM QUANDO AS NOSSAS NECESSIDADES <u>ESTÃO</u> SENDO ATENDIDAS			
AFETUOSO	orgulhoso	saudável	arrebatado
amigável	aliviado	revigorado	empolgado
amoroso	seguro	vigoroso	PACÍFICO
aberto	protegido	vital	sintonizado
franco	CONTENTE	cheio de energia	calmo
solidário	extasiado	ANIMADO	sereno
terno	alegre	ardente	equânime
caloroso	confortável	entusiástico	quieto
ALERTA	tranquilo	vibrante	reverente
centrado	feliz	apaixonado	RELAXADO
lúcido	deleitado	LIVRE	sonhador
atento	ENCANTADO	INTERESSADO	lânguido
estável	aventuroso	absorto	cálido
ADMIRADO	entretido	agitado	descansado
maravilhado	despreocupado	curioso	SATISFEITO
atônito	nas nuvens	fascinado	preenchido
deslumbrado	leve	inquisitivo	saciado
embevecido	jubiloso	intrigado	AGRADECIDO
inspirado	risonho	estimulado	apreciativo
enfeitiçado	deliciado	RADIANTE	expansivo
maravilhado	ENÉRGICO	enlevado	grato
CONFIANTE	vivo	exuberante	gratificado
empoderado	flutuante	exultante	emocionado
expectante	criativo	divertido	tocado
esperançoso	ávido	otimista	jubilante

* Estas listas são um exemplo e não abrangem todas as possibilidades de sentimentos e necessidades. Fique à vontade para pesquisar e complementá-las. [N. R. T.]

APÊNDICE 2. LISTAS DE SENTIMENTOS

SENTIMENTOS QUE PROVAVELMENTE OCORREM QUANDO AS NOSSAS NECESSIDADES NÃO ESTÃO SENDO ATENDIDAS

AGONIA	irritado	perturbado	culpado
aflição	exasperado	turbulento	inseguro
enlutado	zangado	agitação	arrependido
de coração partido	vexado	desconfortável	com remorso
perturbação	AVERSÃO	incomodado	tímido
dor	alienado	inquieto	pesaroso
magoado	animosidade	DESCONECTADO	inseguro de si
miserável	amargo	distante	INVEJOSO
agonia	desgostoso	apático	desejoso
lúgubre	desgosto	frio	saudoso
triste	ódio	desdenhoso	nostálgico
pesar	hostil	indiferente	melancólico
arrasado	repugnância	inibido	ânsia
RAIVOSO	repulsão	entorpecido	TEMEROSO
irado	ressentimento	passivo	ansioso
furioso	DESAPONTADO	pena	apreensivo
indignado	agitado	relutando	assustado
ira	alarmado	remoto	pavor
ultrajado	desencorajado	afastado	irritadiço
vingativo	contrariado	reservado	amedrontado
ABORRECIDO	desestimulado	desinteressado	resguardado
provocado	desanimado	intocado	horror
eufórico	inquieto	retraído	sobressaltado
exasperado	insatisfeito	CONSTRANGIDO	cauteloso
frustrado	abalado	envergonhado	nervoso
impaciente	assustado	esvaziado	apavorado
petrificado	surpreso	sensível	hesitante
desconfiado	TENSO	estressado	dividido
terror	sobrecarregado	no limite	incerto

EXERCÍCIOS DE COMUNICAÇÃO NÃO VIOLENTA

enervado	esgotado	sem chão	turvo
preocupado	constrito	vulnerável	CANSADO
SOMBRIO	rabugento	CONFUSO	entediado
deprimido	distraído	ambivalente	sem energia
desesperado	exausto	perplexo	fatigado
desamparado	frágil	em conflito	pesado
sem esperança	intenso	desconcertado	letárgico
solitário	irritável	tonto	sem vida
melancolia	inerte	vacilante	resignado
lânguido	desequilibrado	atordoado	sonolento
pessimista	soterrado	indeciso	perdido

Apêndice 3. Lista de necessidades universais

A essência da consciência da CNV: "Qual é a necessidade aqui?"

No centro da CNV está a consciência da energia vital que se move em nós neste momento. Vemos essa energia vital relacionada a uma qualidade que valorizamos e que sustenta a vida. Ela pode se manifestar como um sonho, uma necessidade, um querer ou um desejo cuja realização ou falta de realização causa nossos sentimentos.

Em CNV, tentamos identificar as "necessidades universais" que são comuns a todos os seres humanos — qualidades que sustentam a vida que todos valorizamos. Além de requisitos essenciais para a sobrevivência física, como ar, comida, sono etc., todos os seres humanos em todas as culturas compartilham algumas necessidades básicas (isto é, conexão, autonomia, propósito, segurança, respeito etc.) a fim de se desenvolver ou ter uma vida satisfatória e realizar seu potencial humano. Estabelecemos uma distinção clara entre essas necessidades básicas e os desejos e vontades mais específicos que geram as estratégias (específicas para tempo, lugar, pessoas ou atitudes) pelas quais atendemos a necessidades básicas. Essas estratégias e soluções são manifestadas por meio de "pedidos", em vez de identificadas como "necessidades" — uma distinção crucial em CNV.

A lista de necessidades a seguir não é exaustiva nem definitiva. Enquanto as necessidades são universais, estas palavras são simplesmente palavras, e diferentes pessoas podem usar diferentes palavras para transmitir uma necessidade percebida. A expressão das necessidades não é uma ciência, mas uma arte que cada um de nós cultiva por si mesmo. Quando desenvolvemos o nosso vocabulário de necessidades, o objetivo não é adquirir a correção, mas aprofundar a consciência.

EXERCÍCIOS DE COMUNICAÇÃO NÃO VIOLENTA

NECESSIDADES UNIVERSAIS

Necessidades interdependentes
De receber, bem como de oferecer
aos outros:

aceitação, inclusão, apreciação
*(confirmação de que foi feita uma
contribuição positiva)*

compaixão
*(resposta cuidadosa a uma dor
percebida)*

conexão
consideração
*(das necessidades ou preferências,
próprias ou dos outros)*

cooperação
comunidade
*(ser parte de algo maior do que nós
mesmos)*

empatia
honestidade
*(feedback honesto para nossas
palavras e comportamentos,
que nos permite aprender com
comportamentos e limitações do
passado)*

afeto, proximidade, intimidade,
respeito, autorrespeito, apoio,
acolhimento, confiança, reafirmação
compreensão
(entender e ser entendido)

visibilidade
(ver e ser visto ou notado)

Segurança e saúde
segurança
confiabilidade, consistência

Harmonia e equilíbrio
beleza, ordem, paz
integridade, igualdade, mutualidade
inspiração, comunhão

Autonomia e autenticidade
autonomia
*(escolher objetivos, valores, sonhos
e meios para realizá-los)*
integridade
(viver os próprios valores)
autenticidade
(ser verdadeiro com si mesmo)

Clareza e consciência
consciência
compreensão
*(a necessidade de reconhecimento,
sabedoria, experiência)*

Propósito e eficácia
contribuição
(para o enriquecimento da vida)
significado
atividade com propósito, empenho
crescimento
competência
criatividade, autoexpressão

Descanso e lazer
prazer
desafio, estímulo
calma, relaxamento
celebração e luto
*(da vida e dos ciclos de nascimento,
morte)*

Apêndice 4. Pare de ser sabotado pela raiva!

ESTÍMULOS	PENSAMENTOS "DEVERIA"	TRADUÇÃO EM NECESSIDADES	ABERTURA A SENTIMENTOS	PEDIDO ATUAL
O que alguém diz (as palavras reais): "Ei, seu idiota". O que alguém faz (a atitude): Ele derrubou o seu rádio no chão. Uma situação, um objeto ou uma cena em particular: Chegar em casa e encontrar o seu muro pichado	A causa da raiva	Necessidades humanas universais	Sensações físicas Emoções subjacentes à raiva	Alguma coisa concretamente viável que você possa pedir a si mesmo ou a outra pessoa para atender às suas necessidades presentes

Apêndice 5. Formulário de *feedback* individual

(Permissão concedida para fotocopiar conforme a necessidade.)

Grupo de prática de CNV
FORMULÁRIO DE *FEEDBACK* INDIVIDUAL

Nome: _____

Data da sessão: _____

Observações, sentimentos e necessidades (atendidas e não atendidas) em relação aos itens a seguir:

1. reunião de hoje: _____

_____

_____

_____

2. minha participação: _____

_____

_____

_____

3. participação dos outros: _____

_____

_____

_____

4. facilitação do facilitador: _____

_____

_____

_____

5. o eu que aprendi hoje: _____

_____

_____

_____

Apêndice 6: Formulário de *feedback* de grupo

(Permissão concedida para fotocopiar conforme a necessidade.)

Grupo de prática de CNV
FORMULÁRIO DE *FEEDBACK* MENSAL DO GRUPO

Mês/ano: _____

Grupo: _____

O facilitador da última reunião de cada mês vai facilitar uma discussão para solicitar *feedback* do grupo, e depois preencher este formulário.

Ao refletir sobre o nosso mês de prática em grupo, identificamos

1. algumas coisas com as quais estamos satisfeitos: _____
_____
_____

2. alguns desafios e preocupações que enfrentamos: _____
_____
_____

3. alguns novos jeitos de fazer as coisas que queremos experimentar no próximo mês: _____
_____
_____

4. algumas coisas sobre as quais nem todos concordamos: _____
_____
_____

5. algumas coisas que aprendemos: _____
_____
_____

Apêndice 7. Tabela de acompanhamento do processo de CNV

(Permissão concedida para fotocopiar conforme a necessidade.)

TABELA DE ACOMPANHAMENTO
DO PROCESSO DE CNV

Use esta tabela para acompanhar os seus passos na dança da CNV.

	HONESTIDADE	**EMPATIA**
OBSERVAÇÃO		
SENTIMENTO		
NECESSIDADE		
PEDIDO		*

* Resolução de problema apenas depois de ter empatizado plenamente com os sentimentos e as necessidades da outra pessoa.

Anotações

AS QUATRO PARTES DO PROCESSO DE COMUNICAÇÃO NÃO VIOLENTA

Expressar claramente como eu estou, sem culpa nem crítica.

Receber com empatia como você está, sem culpa nem crítica.

OBSERVAÇÕES

1. O que eu observo (*vejo, escuto, recordo, imagino, sem avaliar*) que contribui ou não para o meu bem-estar:
"Quando eu (vejo, escuto...)"

1. O que você observa (*vê, escuta, recorda, imagina, sem avaliar*) que contribui ou não para o seu bem-estar:
"Quando você (vê, escuta...)"
(às vezes em silêncio, ao se oferecer empatia)

SENTIMENTOS

2. Como me sinto (*emoção ou sensação, não pensamento*) quanto ao que observo:
"Eu sinto..."

2. Como você se sente (*emoção ou sensação, não pensamento*) quanto ao que observa:
"Você sente..."

NECESSIDADES

3. O que eu necessito ou valorizo (*em vez de preferir ou agir*) que causa meus sentimentos:
"... porque eu necessito/valorizo..."

3. O que você necessita ou valoriza (*em vez de preferir ou agir*) que causa seus sentimentos:
"... porque você necessita/valoriza..."

Pedindo com clareza o que enriqueceria minha vida, sem exigir

Recebendo com empatia o que enriqueceria sua vida, sem ouvir exigência

PEDIDOS

4. Ações concretas que eu gostaria de tomar:
"Eu estaria disposto a...?"

4. Ações concretas que você gostaria de tomar:
"Você gostaria de...?"
(às vezes em silêncio, ao oferecer empatia)

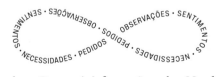

© Marshall B. Rosenberg. Para mais informações sobre Marshall B. Rosenberg ou o Center for Nonviolent Communication, visite o site www.cnvc.org.

ALGUNS SENTIMENTOS BÁSICOS QUE TODOS TEMOS

Como nos sentimos quando nossas necessidades *são* atendidas

agradecidos	confiantes	extasiados	realizados
alegres	confortáveis	fascinados	revigorados
alertas	contentes	inspirados	surpresos
aliviados	esperançosos	orgulhosos	tranquilos
comovidos	estimulados	otimistas	

Como nos sentimos quando nossas necessidades *não são* atendidas

chateados	desesperançados	intrigados	preocupados
confusos	desorientados	irados	relutantes
constrangidos	frustrados	irritados	saturados
desapontados	impacientes	nervosos	solitários
desencorajados	incomodados	perturbados	tristes

ALGUMAS NECESSIDADES BÁSICAS QUE TODOS TEMOS

Autonomia
- escolher sonhos/ objetivos/valores
- escolher planos para realizar sonhos, objetivos, valores

Celebração
- celebrar a criação da vida e os sonhos realizados
- elaborar as perdas: entes queridos, sonhos etc. (luto)

Integridade
- amor-próprio
- autenticidade
- criatividade
- significado

Lazer
- diversão   • riso

Comunhão espiritual
- beleza   • harmonia
- inspiração
- ordem
- paz

Acolhimento físico
- abrigo
- água
- alimento
- ar
- descanso
- expressão sexual
- movimento, exercício
- proteção contra formas de vida que ameaçam a vida: vírus, bactérias, insetos, animais predadores
- toque

Interdependência
- aceitação
- amor
- apoio
- compreensão
- comunhão
- confiança
- consideração
- contribuição para o enriquecimento da vida
- empatia
- encorajamento
- honestidade (a honestidade fortalecedora que nos permite aprender com as nossas limitações)
- proximidade
- reconhecimento
- respeito
- segurança emocional

© CNVC. Para saber mais, visite www.cnvc.org.

Pesquisa em comunicação não violenta

Você pode encontrar uma relação atualizada de artigos de jornais, dissertações, teses, relatórios de projeto e estudos independentes sobre várias facetas da comunicação não violenta em: www.nonviolentcommunication.com/learn-nonviolent-communication/research-on-nvc/.

Alguns são qualitativos, outros são quantitativos e outros, de métodos mistos. Juntos, começam a oferecer uma base de evidências. Se você tiver concluído uma pesquisa sobre CNV e quiser acrescentar o seu trabalho à lista, entre em contato conosco em: www.nonviolentcommunication.com/feedback-form/.

Sobre a comunicação não violenta

A comunicação não violenta vem crescendo há quase seis décadas em 60 países e superou a marca de 5 milhões de livros vendidos, em mais de 35 idiomas, por um motivo simples: funciona.

A CNV muda vidas todos os dias. Fornece um método fácil de compreender e eficaz para chegar à raiz da violência e da dor de maneira pacífica. Ao examinar necessidades não atendidas por trás do que fazemos e dizemos, a CNV reduz a hostilidade, cura a dor e fortalece relacionamentos pessoais e profissionais. É ensinada em corporações, escolas, penitenciárias e centros de mediação no mundo todo. E vem influenciando mudanças culturais à medida que instituições, corporações e governos integram a consciência da CNV às suas estruturas organizacionais e formas de liderança.

A maioria de nós quer ter as habilidades para melhorar a qualidade dos nossos relacionamentos, aprofundar a noção de empoderamento pessoal ou simplesmente se comunicar com mais eficácia. Infelizmente, a maioria de nós é educada desde o nascimento para competir, julgar, exigir e diagnosticar: para pensar e se comunicar com as pessoas em termos do que é "certo" e "errado". Na melhor das hipóteses, nossas maneiras habituais de pensar e falar prejudicam a comunicação e criam mal-entendidos ou frustração. E, ainda pior, podem causar raiva e dor e levar à violência. Sem querer, até as pessoas com as melhores intenções provocam conflito desnecessário.

A CNV ajuda a alcançar o que está abaixo da superfície — a descobrir o que é vivo e vital dentro de cada um e a compreender

EXERCÍCIOS DE COMUNICAÇÃO NÃO VIOLENTA

que todas as atitudes se baseiam em necessidades humanas que buscamos atender. Aprendemos a desenvolver um vocabulário de sentimentos e necessidades que nos ajuda a expressar com mais clareza o que está acontecendo dentro de nós em determinado momento. Quando entendemos e reconhecemos as nossas necessidades, desenvolvemos uma base compartilhada para relacionamentos muito mais satisfatórios. Junte-se às milhares de pessoas no mundo todo que melhoraram seus relacionamentos e sua vida com esse processo simples, mas revolucionário.

Sobre o Center for Nonviolent Communication

O Center for Nonviolent Communication (CNVC) é uma organização internacional promotora da paz, sem fins lucrativos, cuja visão é um mundo onde as necessidades de todos sejam atendidas de maneira pacífica. O CNVC se dedica a apoiar a disseminação da comunicação não violenta (CNV) pelo mundo.

Fundado em 1984 por Marshall B. Rosenberg, o CNVC tem contribuído para uma ampla transformação social do pensar, falar e agir — mostrando às pessoas como se conectar de forma a inspirar resultados compassivos. A CNV é hoje ensinada em todo o mundo em comunidades, escolas, penitenciárias, centros de meditação, igrejas, empresas, conferências profissionais e mais. Centenas de treinadores certificados e mais centenas de apoiadores ensinam CNV a dezenas de milhares de pessoas todos os anos em mais de 60 países.

O CNVC acredita que o treinamento em CNV é um passo crucial para continuar construindo uma sociedade pacífica e compassiva. Para tanto, oferece treinamento em algumas das áreas mais pobres e violentas do mundo, além de desenvolver projetos cujo objetivo é levar o treinamento em CNV para regiões demográficas e populações bastante carentes.

Para mais informações, visite o site do CNVC: www.cnvc.org.

- ‣ Treinamento e certificação — Encontre oportunidades de treinamento local, nacional ou internacional, tenha acesso a informações sobre certificação para treinador, conecte-se com comunidades e treinadores locais em CNV e muito mais.

- Biblioteca do CNVC — Encontre informações sobre pedidos por correio ou telefone para uma completa seleção de livros, manuais, material de áudio e vídeo no site do CNVC.
- Projetos do CNVC — Participe de um ou vários projetos regionais ou temáticos que oferecem foco e liderança para ensinar CNV em uma aplicação ou região demográfica específica.

Sobre a autora

Criada bilíngue e bicultural em Taiwan, Lucy Leu se interessou desde cedo por idiomas e pela construção de pontes entre culturas. Começou a praticar *insight meditation* em 1986, e pouco depois sua carreira de educadora se voltou para a educação para a paz.

Depois de ver a resposta incrivelmente positiva de detentos a uma apresentação de Marshall B. Rosenberg sobre comunicação não violenta (CNV), Lucy se sentiu inspirada a participar do Center for Nonviolent Communication Internacional como treinadora. Ela é cofundadora do Freedom Project, em Seattle, no estado de Washington, nos Estados Unidos, que apoia a transição de detentos a pacificadores. Também é criadora do *NVC Toolkit for Facilitators* [Kit de ferramentas para facilitadores de CNV].

Compartilhar com outras pessoas as práticas da CNV e do *mindfulness*, que transformaram sua vida, provocou em Lucy um profundo sentimento de gratificação. Ela se sente especialmente gratificada por trabalhar lado a lado com colegas que receberam treinamento em CNV dentro de penitenciárias e, desde então, se tornaram pacificadores em suas comunidades.

Lucy Leu é casada, tem dois filhos adultos, e é grata pela oportunidade que tem agora de cuidar de seus idosos. Mora em Vancouver, Colúmbia Britânica, no Canadá.

www.gruposummus.com.br